3分鐘身心靈最高休息法

「精神科医の禅僧」が教える心と身体の正しい休め方

透過呼吸、冥想進入心流，找回放鬆、平靜的自我

川野泰周／著
張萍／譯

前言

最近，一直覺得很累……

與之前相比，專注力總是無法持續……

總覺得，不論對工作還是興趣都提不起勁……

無法湧現出想要挑戰新事物的心情……

明明很累，卻還是無法好好入睡……

早上明明才剛起床，卻又馬上覺得疲憊……

各位曾有過上述這些感覺嗎？

或是常常想著「最近覺得稍微有點累……」明明週末都悠哉地待在家裡，卻完全無法消除那股疲憊感。

然後，忙碌的一週就又開始了……

想必有不少人都過著這樣的生活吧！

一開頭就有提到，明明週末都悠哉地待在家裡，卻完全無法消除那股疲憊感。

舉例來說，當機器故障，我們應該要進行各種確認，去尋找「壞掉的部位」或是「壞掉的原因」等，以便了解「究竟是哪裡有問題？是什麼原因導致故障？」之後才能夠進行合適的修繕。然而有些時候，我們根本沒有去確認機器為什麼故障，只是先換個電池試試，如此一來，機器當然無法正常恢復運作。

雖然如此，當換成是自己的身體出狀況，即使覺得有各種不適，往往還是會不在意似的自己擅自下結論：「可能是因為最近太累了……」然後，到週末時就繼續悠哉度日——各位是否有過這樣的經驗呢？

假如說週六去跑了一場全程馬拉松，那麼週日待在家中按摩、躺上一整天當作休息，這種做法自然能夠消除跑完全馬的疲勞。

因為這樣的疲勞原因很明顯是「肌肉疲勞」，所以此時最適當的休息方法當然就是「放鬆肌肉」「讓身體休息」。

那麼，各位認為平日所感受到的疲勞，是否也能夠藉由上述方法消除呢？

本書一開始就想告訴各位的一件事是，其實**「在怎樣的狀態下疲勞？」與「是否能夠正確採用適合於該種疲勞的休息法？」意外地是大家經常會遺漏的重點**。

疲勞的不是「身體」而是「大腦」

抱歉，自我介紹稍微晚了一點。我是川野泰周，是一名禪僧，同時也是一名精神科醫師。

我的工作性質有點特別，平常會在位於日本橫濱的禪寺擔任住持，從事寺務工作，每週還有兩、三天會前往東京都內或是橫濱市的診所擔任精神科門診醫師。

最近，我發現有許多介於二、三十歲這個年齡層的患者前來看診。至今，我仍印象深刻的是一名女性患者，她在正職工作時間之外，每個月兼差超過二百小時，她還認為自己這樣很正常，但其實這名嚴重超時工作者早已陷入憂鬱狀態。

印象中，她恍恍惚惚地對我說：「我沒有可以悠哉休息的時間，即使有也不知道該怎麼休息才好。」

如她所說，**除了被忙碌的每一天追趕外，她不知道任何可以讓身心好好休息的方法，由於無法消除疲勞，只能不斷累積，最後搞到身體垮掉**——令人難過的是，有類似狀況的人們正不斷增加中。

事實上，當出現本書開頭所提及的「專注力無法持續」「提不起勁」「晚上無法好好入睡」等症狀，比起身體方面的疲勞，更有可能是心理層面的疲勞。

我既是一名禪僧也是一名精神科醫師，從禪僧的角度來看，用「心理疲勞」來表現最為適當，但是身為一名醫師，就要稍微科學一點，從醫學的角度來看，這是一種

「大腦疲勞」的狀態。

每天都要處理很多工作，日子過得忙碌，身體當然會覺得疲累，「心理」或「大腦」也會逐漸變得疲累。

然而可惜的是，各位即使想要讓大腦休息，但大腦這種東西並非只要躺著無所事事就能夠得到休息的。

假日在家休息時，各位是不是也會一直在想著：「啊～下週還是很忙啊……」「下週的會議準備不知道有沒有問題……」「計畫稍微有點延遲，我得做些什麼才行……」呢？

事實上，**只要大腦持續運作著，疲勞就會不斷累積**。

其實有相當多人都處於這種狀態中，他們就是像這樣「任意驅使大腦不停工作」。搞不好，正在閱讀本書的各位讀者也經常如此。

如果過著「任意驅使大腦不停工作的生活」，大腦的能量就會慢慢枯竭，最後會導致注意力難以集中，並且降低做事情的動力。

再加上，當大腦持續活動，我們就無法妥善關閉大腦的開關，因而會出現「身體變得非常疲勞，卻依然無法好好入睡」的症狀。也就是說，光是這樣就會降低睡眠品質。因此，也就十分容易造成「起床的瞬間就已經開始覺得疲累」的情形。

也就是說，這些全都是因為無法理解「自己是屬於怎樣的疲勞？」無法實踐正確休息法所造成的危害。

為何近來「正念」會如此受到歡迎？

近年來，「正念（mindfulness）」一詞非常受到矚目且蔚為話題。

本書會盡可能說明何謂正念。其實**「正念」是一種非常適合用來「消除大腦疲勞」的方法**。

原則上，當大腦處於「專注於一件事」的狀態，我們並不會覺得疲累。除了不會感到疲累，相反地，還會感到神清氣爽、變得更加有精神。

經常聽到有人說：「我沉溺於打電動所以忘了時間」「我完全沉浸在了運動賽事中」。像那樣處在「沉溺於一件事中」時，其實大腦可以說是完全不會感到疲勞。

當然，「長時間打電動」「做運動」都會讓身體感到疲累，但是大腦反而會變得很有活力。

相反的，**「一邊想著其他事情一邊工作」「大腦一直無法擺脫思考及煩惱」的狀態，則會讓大腦感到非常疲勞**。

也就是說，**單一作業能夠讓大腦變得有活力，多重作業則會讓大腦感到疲勞**。

我們經常一邊思考各種事物，一邊工作與生活，因而處於一種多重作業的環境之中，光是這樣，就可以說是一種容易造成大腦疲勞的狀況了。

生活中經常想著：「對方是不是已經讀我的LINE了呢？」「臉書PO文後有多少人按讚呢？」就會變成是多重作業了。

持續這樣下去，大腦就會變得越來越疲勞。

因此，**「把自己的意識專注在單一作業上」的「正念」會非常有幫助**。

比方說，專注在呼吸上的「呼吸冥想」就是一種「正念」，「飲食冥想」「步行冥想」「坐禪」等也都是很棒的「正念」，實踐方法有很多種。總之，不論最後採用的是哪一種方法，最終目的都是為了**強制大腦進行單一作業，讓大腦得以休息、恢復精神**。

很久以前，一位前輩和尚告訴我，某位知名禪僧曾說：「身體疲勞就睡覺，心理疲勞就打坐。」也就是說，我們其實可以藉由正念來療癒「心理」（大腦）。

本書一開始也曾提到類似的概念，心理疲勞時，不論睡多少覺都無法消除疲勞。也就是說，一邊躺著滾來滾去、一邊想東想西，只會讓大腦與心理不斷累積疲勞。

從正確了解「自己的疲勞」開始

首先，本書的序章會告訴各位「疲勞有哪些種類」。在「身心靈最高休息法」這件事上，最基本的就是要正確理解「自己現在處於哪一種疲勞狀態」。

我們必須先簡單了解一下人類的身體機制，知道我們所處的現代社會環境會給我們帶來怎樣的壓力、會產生怎樣的疲勞後，就會有更深刻的理解。

首先，了解「自己的疲勞」。

在「實踐篇」中，我們會介紹四十一種正確的身心休息法。各位讀者可以隨意翻閱，如果覺得「這個方法自己好像可以做得到！」就請務必試試看。

雖然其中也有很多種可以幫助身體休息的方法，但是現代人疲勞及不適感的起因大多都源自於「大腦疲勞」。

因此，本書會用更多的篇幅，將帶有禪學及正念的「心理休息法」「大腦休息法」介紹給大家。

當然，我們並不需要一口氣把這四十一種方法全部做一遍。

每個人會因為不同的生活環境及工作內容等等而有「自己專屬的疲勞方式」，所以各自的狀況都不同。因此，當然要搭配「適當的休息法」。

正因如此，希望各位能夠從四十一種方法中組合出「適合自己的休息法」。

日常生活中「想要完全不會感受到疲勞的過日子」是不可能的。然而，**就算會覺得疲勞，如果能知道其實有「能夠讓自己正確休息的方法」，就會像是被打了強心針一般，令人感到安心**。

再深入一點來探討這件事情，能夠快速消除因為必要的身體勞動或是，精神活動而造成疲憊感的人，通常是「自我察覺力」，也就是「自我管理能力」較高的人。

藉由這種方式**提高自我察覺力，培養對自己的信任感，就可以活得更有自信**。

衷心期盼各位務必從本書中尋找出適合自己，且「能夠讓心理與身體恢復精神的方法」。

目次

實踐篇

第8章 發現「微小的變化」

理論篇

序章

依「疲勞種類」而有不同的正確「休息法」

疲勞有三大種類！

「疲勞」一詞雖是一言以蔽之，但其實有許多種類。

首先，可以大致區分為「身體疲勞」與「大腦疲勞」兩大類。

正在翻閱本書的讀者當中，應該有許多人平常都是在辦公桌上工作的。一整天都得面對電腦工作，眼睛當然會疲勞，但是這種疲勞跟剛做完運動時身體的疲勞不同。

因為這時，疲勞的其實是大腦。

也就是說，如果沒有讓大腦正確休息，就無法消除疲勞。

想必許多人都曾有過那種明明假日什麼事也沒做，卻還是無法消除那股疲憊感……的經驗吧！如果從「疲勞的種類」去思考，我們就可以更深入地談論這部分。

疲勞的三大種類

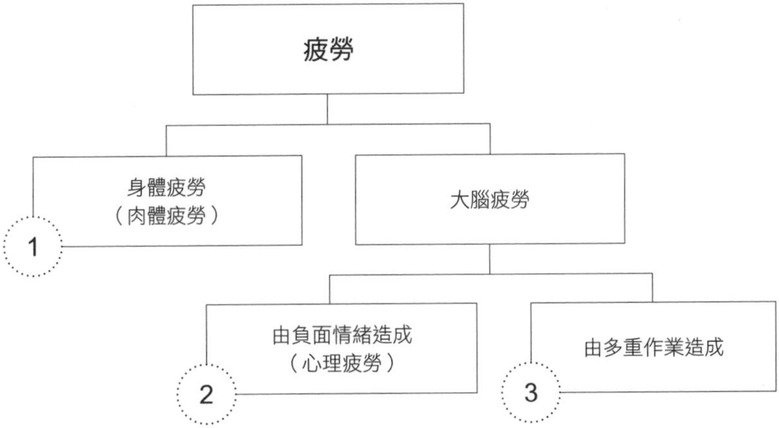

因為，**「身體疲勞」與「大腦疲勞」在本質上就是不同的東西。**

在此，我特別想要說明的是稍早已經提及的部分。事實上，「大腦疲勞」還可以再大致分為兩種。

這兩種分別是**因為煩惱或是壓力等負面情緒所引起的「心理疲勞」**，以及**必須同時進行許多項工作、同時思考而造成大腦負擔的「多重作業疲勞」**。

「負面情緒」與「多重作業」會造成大腦疲勞

①的「身體疲勞」比較容易鎖定原因。

②的「心理疲勞」則像是遇到「因為家庭問題而感到煩惱」「因為職場人際關係而產生很大的壓力」等狀況而渾渾噩噩、經常處於能量消耗狀態的類型。

就像是一種不但心累且有些神經衰弱的狀態。

- **焦慮、沮喪**
- **總覺得提不起勁**
- **做任何事情都不覺得有趣**
- **注意力無法集中**
- **沒有食慾**

·睡眠變得很淺

有些人或許能夠自覺有出現上述的感覺與徵兆。

但也有些人會漠視這些狀態，只用「最近總覺得很累……」一句話帶過。如果可以稍微認真一點看待「疲勞」這件事，或許就能發現，這些狀態很可能都是因為「心理疲勞」所導致。

為了方便區別，本書將其表達為「心理疲勞」，但是從醫學和科學的角度來看，這些都是大腦在疲勞，也就是所謂的「大腦疲勞」。

③「由多重作業造成的疲勞」是因為大腦同時處理複數事務所造成的疲勞。

比方說，「只是單純聆聽他人說話」與「聆聽他人講話內容，並將內容記錄在電腦裡」的工作比較起來，後者明顯對大腦的負擔較大，大腦也比較容易疲勞。

單純來看，這就是「由多重作業造成的疲勞」（大腦疲勞）。

大腦本來就會因為同時處理多樣事務而產生疲勞。請各位務必記住這個重點。

雖然舉出「一邊聽話、一邊記錄」這種多重作業的例子後，大家就可以明確了解我想要表達的意思。但是在此，我想要告訴各位一個稍微有點麻煩的案例。

比方說，現在的你正專注於輸入資料的工作。

輸入資料這件事情可以說是單一作業，但是如果在過程中意識到「今天必須完成這項工作才行」之後呢？

沒錯！這時大腦中就會同時出現「輸入資料」這項工作與「今天必須完成」的意識（或是不安與焦慮）。

也就是說，在這樣的狀態下就會發生多重作業的情形。

從這樣的角度去思考，**我們日常生活中幾乎一直在進行「無意識的多重作業」**。

更進一步來說，**光是這樣，就會在無意識中造成大腦疲勞**。

知道「自己疲勞」的原因，就能正確遠離它

那麼，你的疲勞會是哪一種呢？

請回顧一下本章節一開始所提及的「疲勞種類」。

只要知道這三大分類，就能夠正確知道自己的疲勞類型，並且予以注意。如此一來，才能夠正確遠離它。

這是佛教教義中的一個真理，且與「智慧」息息相關。如果用禪學來表現，就是指「知道自己的本分」。

你疲勞的原因是？

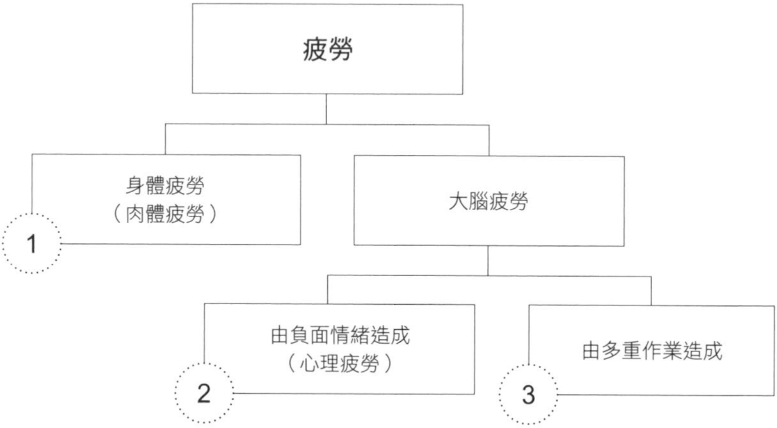

我們必須先正確意識到何謂「疲勞」，再藉由正確的休息法，遠離那些疲勞——這是本書想要傳達的基本思維。

當然，現實生活中有很多「心理疲勞」與「由多重作業造成的疲勞」同時發生的複合型案例。

比方說，在「煩惱於職場上人際關係」的狀態下，產生「心理疲勞」是一件很正常的事，但是在「懷抱著壓力進行工作」的當下，其實就已經同步造成「多重作業疲勞」了。

也就是說，生活在現代社會這件事，

基本上就是造成本身疲勞的根源，甚至可以說沒有人不會感到疲勞。每個人都帶著疲勞生活，不知不覺就會處於一種每天都在反覆調整的狀態。

然而，有些狀況是因人而異，有些人在疲勞過度累積後，專注力會急速下降，因而陷入情緒焦慮、夜不成眠等狀態。

這些就是典型持續累積「大腦疲勞」後的狀況。

本書到現在一直反覆重申，各位必須先知道並注意自己本身「是屬於哪一種疲勞」，因為那正是一切的根源。

理論篇

原因1

現代人的大腦非常疲勞！「大腦疲勞」實際上是因為……？

我們已經簡單談過許多現代人都擁有的慢性「大腦疲勞」。

在進行激烈運動或是跑完全程馬拉松後，身體自然會感到非常疲倦，但是我想，現代有「心理疲勞」「因多重作業造成疲勞」（而且還不知道正確休息法……）的人數壓倒性地居多。

那麼，大腦究竟是在怎樣的狀態下、又是如何變得疲勞的呢？

在此，我想來談談這個運作機制。

造成大腦疲勞的原因可以大致區分為兩種。

第一種的主要原因是遇到「難過的事情」「痛苦的事情」「有壓力的工作」。簡單來說就是「**由負面情緒造成的大腦疲勞**」。

人類的大腦或是身體中都帶有「促進疲勞因子」與「防禦疲勞因子」。當然，任何人的大腦，只要能夠讓「防禦疲勞因子」活躍運作，基本上就不會感到疲勞。

有科學證明，當從事「快樂的事情」或「有興趣的事情」，能夠活化各種「防禦疲勞因子」。

最具代表性的「防禦疲勞因子」有可以用來降低不安、防止大腦疲勞的血清素（serotonin）、具有鎮痛效果以及增強幸福感效果的β-內啡肽（β-Endorphin, β-EP），以及可以幫助腦細胞成長或修復的BDNF（腦源性神經營養因子）等。

相反的，**當出現「難過」「痛苦」等負面情緒，則會活化「促進疲勞因子」，造成能量劇烈流失**。

該因子的代表性案例是二〇〇八年東京慈惠會醫科大學近藤一博教授所發表的「疲勞因子」，又稱「FF（Fatigue Factor）」。目前已知，長時間持續執行有壓力的工作時，體內會產生活性氧，造成細胞氧化，該細胞就會開始分泌疲勞因子。

因此，該疲勞因子會讓大腦覺得疲累而發出訊號，出現自覺性的疲勞。

「難過、痛苦的事情」容易讓大腦疲勞，

進行「正面積極的事情」則不會讓大腦疲勞。

——想必很多人都能夠從實際經驗理解這種感覺吧！

其實，世界上有些人是真的打從心底熱愛工作的，他們總是可以充滿精力，甚至不眠不休地工作。

雖然會有肉體上的疲勞，但是長時間專注於工作的大腦卻幾乎不會感到疲勞，因此這種工作方式其實是可行的。

另一方面，工作時懷抱著「好討厭這個工作啊……」「很討厭和那個人一起工作，因為會很有壓力……」等負面想法，就會在極短時間內感受到疲勞——想必很多人都有過這樣的經驗。

這樣一來，就會在生活中出現很多由負面情緒所造成的能量流失。其實，「覺得總無法消除疲勞」「專注力容易渙散」的人非常之多。

在「心流」與「化境」狀態下，大腦不會覺得疲累

還有一個重要的原因是前一個章節中我們曾提及過的「**多重作業**」。說得稍微專業些，大腦中有一種機制稱為「預設模式網路」（Default Mode Network），也就是會創造出所謂「空轉（idling）狀態」的機制。

「空轉」這個表現相當貼切，因為是為了隨時可以正式啟動而持續處於待機準備狀態的一種模式。

相反的，如果大腦開關持續開啟、一直專注地使用大腦，則會啟動「中央執行網路」（central executive network）功能。

專注力經常處於高度極限的狀態，可以表現為「心流」或是「化境」。意思是專注於單一作業，讓大腦處於中央執行網路工作的高階狀態。

這時，即使身體疲勞，大腦基本上並不會那麼疲勞。特別是在進行自己熱愛的事物時，以正面積極的情緒進入「心流」或是「化境」狀態時，有時甚至全然感受不到精神面的疲勞。

也就是說，**不讓大腦感到疲勞（或讓疲累的大腦恢復正常）的祕訣之一，就是要想辦法停止多重作業，並懷抱著好奇心進行單一作業**。

現代人的大腦經常持續「空轉」。

然而，在現代的生活環境下，實在很容易陷入多重作業，而且經常會讓「預設模式網路」處於優勢。

如果要列舉出一個重大原因，其實就是網際網路的存在。

正在閱讀本書的讀者應該幾乎都有一台智慧型手機，隨時處於可以收發郵件、使用LINE等APP、掌握社群網路資訊的狀態。

也就是說，我們幾乎都會在日常生活中無意識地去在意「不知道是什麼mail進來了……」「有人在我的Facebook按『讚』嗎……」「為什麼都不讀我的LINE呢……」這些就是多重作業。

用電腦工作時會更為顯著，有些人設定收到電子郵件或是有社群網路訊息進來時，會在電腦桌面顯示通知，**這時就會使用到大腦的認知資源，並消耗大腦能量**。

這裡的「認知資源」指的是我們注意某些事情時會運用到的資源。心理學上認為，「可以同時發動的認知資源總量是有限的」。

比方說，一邊將認知資源運用在眼前的工作，卻又一邊使用在注意「是不是有LINE或是郵件進來呢……」更甚者還會將認知資源利用到其他各個方面，例如：「今天早上送給部長的資料是不是OK呢……」

此時就會分散使用，使得認知資源總量瞬間消逝。**而在將認知資源分散給許多對象消耗的狀態下，會造成能量劇烈消耗，大腦也容易變得疲勞。**

不論是從心理學上，或是從腦科學方面來看，現代人都肯定是生活在「大腦容易疲勞的環境」。

也就是說，我們無法阻止技術的進步，也無法改變自己所處的大環境。但是，我們至少可以理解會造成大腦疲勞的機制與原因，並且一點一點去改善它。

大腦疲勞會造成各種不同症狀

了解「疲勞的種類」後，接著來談談「疲勞的狀態」以及「症狀的表現方式」。疲勞症狀的呈現方式有非常多種。

比方說，有些人會因為大腦疲勞而導致「身體沉重」「頭痛」「肚子不舒服」等，也有些人則是會出現「不知道為什麼覺得很沮喪、很沒勁」「專注力渙散」「經常覺得很焦慮」等心理健康層面的症狀。

大腦疲勞經常會導致自律神經失調，**自律神經出現失調後，身體某些地方出現異常也不足為奇**。有些人會出現腹瀉、便秘，或是咳嗽、蕁麻疹、頻尿等症狀。

從表面上來看，這些發生的症狀都是所謂的身體不適，因此大家容易用一種短視的思維模式去判斷——「這些都是因為身體疲勞所引起的症狀」，但是如果再進一步仔細問診就會發現，這些通常是因為大腦疲勞（心理疲勞、多重作業）所造成的自律神經失調。

並不是因為身體疲勞會出現身體上的症狀，或是因為大腦（心理）疲勞就會出現心理健康症狀這樣單純的組合方式。

希望各位在此一定要確實理解這件事。因為目前為止，我已經接觸過好幾百名患者，他們前來看診都是因為不知道原因出自於大腦疲勞，而苦於不明原因的身體不適。

身體出現不適時，讓身體多休息固然很重要。

但其實從很多個案身上會發現，造成疲勞的原因往往南轅北轍，必須採取更多不同的休息法。

許多現代人身上常見的「述情障礙」究竟是什麼？

現代人身上常見的症狀之一是「述情障礙」（亦稱作「情緒失讀症（Alexithymia）」）。

如同字面上的意思，症狀就是「失去情緒」。

更正確一點來說是處於「**無法了解自我情緒**」的狀態。即使心中產生「難過」「痛苦」「悲傷」「生氣」等情緒，也沒有辦法直接確認自己是否真的擁有這些情緒——這就是所謂的「述情障礙」。

如同那種重要親人去世時，明明身為喪家卻全然感受不到悲傷的情緒一樣，各位是否有看過那種快速俐落地處理守喪或是葬禮等相關事宜的喪家呢？

或是，有沒有聽過那種直擊親近的人在眼前死去卻「流不出眼淚……」「感受不到真實悲傷感……」的故事？

有時我們會將這些案例的當事人解讀為沒有注意到自己「心中應該要有的情緒」。換句話說，就是當事人**內心缺乏了認知資源**。

明明心裡非常悲傷，卻因為守靈與葬禮等相關事宜而忙得不可開交，因此幾乎都將認知資源放在外部其他事情上，結果根本無法留意自己內心所產生的情緒。

在重要的人去世這種過於悲傷的經歷下，出現了一些必須當下要在帶著悲傷的心情傾全力去處理的事情，因此得先壓抑自己內心的情緒，才能夠表現出讓自己內心維持平衡的反應。從這個觀點來看，這種心理的防禦機制確實對於維護精神健康來說相當重要。

然而，由於我是一名精神科醫師兼禪僧，所以感受非常強烈。當自己最重要、最親密的人去世時，其實真的必須要有一段能夠好好確實服喪的期間。

服喪這件事，不僅是單純的儀式，要能夠接受重要、深愛的人死亡這個事實，並且重新跨步去面對明天的人生，所以必須要有一定的時間來沉澱。

無法作到這件事情的最主要原因，其實是現代人過於忙碌。

待準備葬禮以及後續相關的程序、接受許多人慰問等忙碌的日子過後，又必須立刻回到工作與日常生活當中，完全沒有一段可以將注意力放在自己內心的時間。

即使決定要平靜面對，但是內心深處所產生的情緒卻無法消逝。實際上，也有不少案例是在多年以後，忽然覺得「內心好像有個空洞……」「變得完全失去動力……」等被強烈的喪失感所突襲。

因此，請務必在那段期間內好好服喪。

確實將注意力轉移到自己的內心，去感受心中所產生的「悲傷」或是「遺憾悔恨」，並且一定要設立一個停止的時間點。

由此可知，**當人類沒有將一定的認知資源投入自己的內心，就會變得無法感受到自己的情緒**。

你不是在「網路漫遊」，而是在「網路漂流」嗎？

現代人日常生活中頻繁出現類似的事件。

如同先前談論過的內容，我們的週遭充斥著電子郵件、LINE、社群網站等資訊，不論我們當下的意識或是狀態如何，都可以隨意查看。

身處這樣的環境，我們很容易持續將注意力放在外部環境上。這樣一來，我們就會**過度使用認知資源，進而無法將注意力放在自己的內心狀態**。

從結果來看，這就是會造成「述情障礙」的運作機制。

最近，只要瀏覽過某些網路新聞，之後就會不斷跳出相關的新聞標題，想必很多人都會順著那些出現的內容被導去瀏覽其他新聞。

這即是所謂的「網路漫遊（Net Surfing）」，但是我會將這種狀態改稱作「網路漂流（Net Drifting）」。Surfing帶有一種「隨波逐流」的感覺，也就是利用海浪的力量，同時將自我意識「搭乘」在上的主體行為。然而，「漂流（Drifting）」與自我意識無關，只是單純在「網路」這片海洋上漂盪的感覺。

這會讓我們在無意識中不斷將認知資源使用於外部資訊，成為造成自我內心意志不堅的主要原因之一。

受到這些環境因素影響，許多現代人都有「述情障礙」的傾向。

明明應該要很開心，卻無法感覺到開心的「失樂症」

還有一個現代人常見的症狀叫做「失樂症」（anhedonia）。極端點說，就是「做什麼都快樂不起來」「因為不快樂，所以無法產生任何意願」的狀態。

「hedo」是拉丁文中「快樂」的意思，在前方加上否定詞「an」後，成為「anhedonia」，用以表示「喪失快樂」的意思。

例如，問一位興趣是釣魚，原本在休假時每天都會想去釣魚的人：「最近還有去釣魚嗎？」對方卻回說：「沒有耶，最近實在太忙了……」

即使忙碌是事實，但是過去即使只有一點點時間也會立刻跑去釣魚，現在卻「總覺得很麻煩啊……」「今天想在家悠閒度過……」

——這其實便是「失樂症」的微小徵兆之一。

同樣狀況也可以在其他場合中發現端倪。

比方說，有個案例是本來非常愛吃東西，經常會去尋找一些新餐廳或是居酒屋，每天到處探尋美食，但是「最近不太想出去找東西吃了……」

如果是之前，很享受於「今天我想去那間店吃點好吃的壽司」「午餐絕對要吃那間的親子丼」，但是卻漸漸變成「今天覺得有點麻煩耶」「午餐吃便利商店的便當就好了……」

如果這種反應持續下去，就可以說是「失樂症」的徵兆。

許多罹患憂鬱症的人身上常見這種「對任何事情都變得不感興趣」的「失樂症」

症狀，或許程度還不是非常明顯，但確實有相當多因為心理疲勞（大腦疲勞）而喪失快樂的潛在患者存在。

除此之外……

・之前下班後偶爾會去看場電影，但是最近卻沒有那種閒情逸致。
・過去經常會和同事一起去喝個幾杯，但現在卻覺得很麻煩。
・原本假日很愛去逛街買東西，現在卻沒有前往那些地方的動力。
・即使玩著自己最喜歡的遊戲，也沒有以前那麼興奮了。

——是不是有人是符合上述這些狀態的呢？

因為總覺得沒力氣、沒動力，所以經常會誤以為自己是「身體疲勞」，但實際上疲勞的卻是「心理」和「大腦」。

「失樂症」最可怕的是會喪失食慾、物慾（例如：購買慾）、性慾等所有慾望，因此即使肚子餓也不會有「想吃東西」的感覺、不會出現「想見他（她）」的情緒，也沒有購買新車、飾品、衣服等的慾望——嚴重時會陷入上述所有狀態中。

程度嚴重時，當然要先與精神科醫師、心理治療師等專家諮詢。**但如果程度輕微，則可以先採取一些有助消除「大腦疲勞」的正確休息法**。

因粗心而造成疏失

除了快樂消失了，也有很多人會因為「大腦疲勞」而造成「對工作失去動力」「因專注力下降而連續粗心犯錯」。

各位身邊是否曾經出現過讓人覺得「A先生/小姐最近因為粗心而造成的疏失有點多呢！」「真不想成為A先生/小姐那樣的人呢……」的情況呢？

比方說，前幾天交付某人的工作竟然完全忘記、把要與客戶洽談的必要文件忘在公司、麻煩某人確認資料數據，結果竟然發生了難以置信的確認疏漏等。

這些都是專注力下降所造成的疏失，但是如果要將「大腦疲勞」視為主要原因，理由也是相當充分。

因為大腦疲勞而使能量枯竭，無法將認知資源確實用在工作上。於是，食慾不佳又無法充分獲取睡眠，因而陷入惡性循環——實際上，這樣的個案相當多。

這種時候，應該要採取怎樣的休息方法比較適合呢？

我們將會在「實踐篇」中，告訴大家各種正確的休息法。

心理韌性、自我肯定感低落

造成許多現代人「心理疲勞」的原因之一其實是**心理韌性（resilience）低落**。最近經常聽到「心理韌性」一詞。這是用來表示**「心理抵抗能力」**的一個專有名詞，例如，當現代人的心理抵抗能力逐漸下降，往往就會較容易覺得心理受挫。

「心理韌性低落」換句話說就是**「自我肯定感較低」**。仔細想想，近年來大家是不是頻繁地使用「自我肯定感」一詞？

那麼，現代人的心理韌性，自我肯定感究竟為什麼會低落呢？

接下來，就來談談這個狀況的背景。

在二次世界大戰後高度成長期中，許多日本人都為了「讓社會富饒」「光復日本」而努力著。

話說回來，我所敬重的心理學界大前輩——小此木啟吾先生（雖然未能在其有生之年見到他本人）曾在其著作中提及「超個人心理學（Transpersonal psychology）」一詞。

「personal」意旨「個人的」，「trans」則帶有「超越」的意思，這兩個字合在一起表示了非私人欲求，而是一種更大的「滿足社會的欲求」。

戰後日本人大多抱持著這種「超個人」的目標與使命感，期望能夠讓「日本」這個「整體社會」變得更加富饒而努力工作。

高度成長期是眾人在那樣的過程中，達到滿足自我貢獻感、成就感，甚至是滿足自我需求（narcissism）的一個年代。

只要當下的自己夠努力，就能夠讓整體社會變富饒，甚至能夠連帶讓個人生活變得更加富裕。

然而，那樣的高度經濟成長期在七〇年代告終，進入平成時代（一九八九年～二〇一九年）後，發生了泡沫經濟瓦解、雷曼兄弟破產等事件。

這時，即使為了公司鞠躬盡瘁，社會也不會變得更加富饒，相反地，連自己所處的立場或是收入、生活都受到了威脅。

即使想要塑造出超個人的成就感，卻還是會遭遇到過去無法想像的大企業倒閉、裁員等與自己極為相關的問題。

在那樣的社會下生存，會變得越來越無法說出「超個人」的理念，只能夠拚命地「保護自己」，進而喪失只要自己努力，就能夠讓「社會變得富饒」「能對社會有所貢獻」的真實感。

這樣一來，**欲求的對象會變得越來越朝向「個人所需」，並且難以獲得過去那些**

成就感、貢獻感——整個社會就變得難以滿足那些個人的自我需求。

為什麼會覺得「自己是個糟糕的人」呢？

當自己的自我需求無法滿足，那樣的想法就會移轉到自己的孩子身上。

比方說，現在三、四十歲被稱作「團塊世代」「後團塊世代」的人們是在歷經競爭激烈的考試戰爭，以及條件嚴格的求職活動後存活下來的世代，也是最多從孩提時期開始，就被父母認為「最好能夠考上好大學、進入好公司工作」而一路被逼著長大的世代。

然而，在那個過程中，如果沒有符合父母的期待拿出好成績，就會覺得「我竟然沒有辦法讓父母開心，我真是個糟糕的人……」

最典型的就是妨礙形成健全的自我人格，而讓偏頗的人格不斷壯大。

或者，即便幸運地在學成績優秀，一路升學進入好高中、好大學的人，也會在「求職活動」過程中面對完全不同領域的嚴格挑戰。

求職的艱辛程度雖然會隨社會情勢而改變，但是從古至今，在求職期間才初次遭遇挫折碰壁的人不計其數。

因為在求職面試時，會在一個與過去「學生生活」「考試」等截然不同的習慣或是價值觀領域中被嚴格檢視「自我」。

附帶一提，現在徵才時往往會特別要求求職者必須擁有以下幾項素養。

①溝通能力

②獨創性

③自主能力

任何時代都必須要擁有溝通能力，特別是現代社會，溝通能力不怎麼好的人馬上會被認為「有溝通障礙」，被貼上類似自閉症等發展障礙的標籤。

「獨創性」是指具有與他人不同的想法、與眾不同的能力。然而，幾乎所有人在過去的學生生涯中都沒有學習到這個部分，都只是在熟記、理解老師的教學內容，並通過考試的模式中成長。

在這種方式下成長的人們突然被說「你要與眾不同！」「你要發揮原創力！」時，當然會覺得不知所措。

最後是關於「自主能力」的部分。現代社會中有許多人是獨生子女，做什麼事情都備受父母或是祖父母呵護。即使是進入學校這個社會，原則上還是會被要求「要表現出和大家一致的精神」、採用相同的生活方式等，大家都在一種被細心保護的環境下成長。

在那樣環境下成長的孩子們，突然被要求「給我看看你的自主能力」，肯定是非常強人所難。

但是，求職時卻被要求要有那些素養，若是沒有就會得到如同被拳頭重擊般的回應「ＮＯ！」後被拒於門外。

許多人會因此覺得很沮喪：「啊，我真是糟糕……」「我真是個沒用的人……」連帶使得自我肯定感有所動搖。

這就是造成心理韌性低落的時代背景。

也就是說，

‧在考試這場戰役中，無法因應父母的期待、無法滿足自己「希望更加被認可」的願望，自我認同感因而變得扭曲

‧在求職活動中，自我認同受到創傷，認為「自己不被需要」，因而喪失自我肯定感

現代社會中有太多這樣的人，結果就造成了現代人整體心理韌性低落的現象。

「態度積極正面」「活力至上主義」背後的精神危機

在前述那樣的背景下，現在社會中經常做出呼籲：「重點是要提高心理韌性」「提高自我肯定感」。

社會上充斥著「應該要積極正面地生活！」「應該要享受充滿活力的人生！」等類似的訊息，有相同想法的人也很多。

當然，提高心理韌性、自我肯定感很重要。「正面積極」「充滿活力」也是很棒的事情。

然而，**從身為一名精神科醫師的角度來看，卻有一個無法忽視的危險性，那就是大家表面上拚命裝作「正面積極」「充滿活力」的樣子，但或許只是將自己帶有的消極因子和負面情緒掩蓋起來而已。**

在社群網路無孔不入的狀態下，日本人最近經常使用「現充（現實生活充實的人）」這個詞彙。認為自己的生活「竟然如此地充實！」「這麼充滿活力，真令人感到開心！」因而拚命想要對外展現個人生活狀態的人不斷增加。

在心理學、精神醫學的世界裡有一個詞彙叫作「manic defense（躁狂性防衛）」。manic 指的是「暴躁的狀態」，defense則是指「防衛」。

也就是說，為了驅散自己焦躁不安的狀態而出現的防衛行為，就被稱作「manic defense（躁狂性防衛）」。

現代社會中看到的「現充神話」，或是「正面積極」「充滿活力」等標語，也可以稱作**「微・躁狂性防衛」**，是指會稍微勉強自己打起精神，並將那一面展現給朋友或是大家看到，甚至上傳至網路。

當然，偶爾鼓舞自己、提高個人意識絕非不良行為，有時甚至是一種必要行動。

然而，「不積極鼓舞自己就無法維持個人狀態」的人也增加了，我們經常可以看到那種試圖掩蓋自己內心消極、負面因子與情緒，積極尋求表現的人。

就好像是一隻不持續游泳就會死掉的鮪魚。

然而，那樣應該也無法永保自我，因為總有一天會停下來的。到時候又會發生什麼事呢……

在此，希望各位能夠理解，「停下來」並不是壞事，「停下來卻無法保有自我」才是問題所在。

正面積極地過日子雖然很不錯，**但更重要的是，必須將認知資源更進一步投入自己的內心，專注地去感受與接受自己內心所產生的情緒**。

接受自己內心的情緒，並放下。如果可以自然而然達到這種狀態，就能夠實現**「好好呵護自己」**這項連結幸福生活最重要的心理條件。

實踐「正念」

應對「大腦疲勞」最有效的方法之一就是**「正念」**。各位應該多少都有聽過「正念」一詞吧！

然而，如果要問「什麼是正念？」恐怕我也無法完整說明清楚！

「正念」一詞源自於佛教，是以佛陀的教義為前提，與打坐、冥想、瑜珈等都有著密不可分的關聯性，因此要能夠正確說明其世界觀或是概念相當困難。

將這些困難的理由全部羅列出來後，若要簡單說明「正念」，我認為就是**「養成單一作業習慣的練習法」**。

藉由正念，專注於「單一作業」

截至目前為止，本書已經多次提到進行多重作業會造成大腦疲勞。我們的日常生活中充斥著多重作業，還有那些明明沒什麼卻會令人很在意的事情，以及擔心的事情等，使得大腦內部三不五時就會處於多重作業的狀態。

先前說過，大腦疲勞會造成述情障礙、失樂症、專注力不足、睡眠不足等情形。

那些多重作業總是理所當然地存在著，而「正念」就是**暫時對我們的身體或是大腦按下重新啟動鍵，並進行單一作業**。

在說明「正念」這個概念時，我經常會說：「請各位感受『當下』」。這個部分再深入解釋一點的意思是，**「將自己的意識聚焦於當下某個現實事件上」**。

要排除那些會成為多重作業的各種要件，「只進行單一作業」。「實踐篇」中，本書還會教給大家各式各樣的正念練習法（也就是所謂的大腦休息法），但是歸根結底，就是要經常「將自己的意識集中在單一作業上」。

先前已經提及，在「心流」與「化境」狀態下，大腦不會覺得疲勞。基本上，專注於進行單一作業時，大腦確實幾乎不會累。別說是不會累，甚至還會更加提神、充滿能量。

這種狀態已經由腦科學研究證實。持續進行多重作業，會活化前述「預設模式網路」，結果會消耗六到八成的大腦內部能量，目前已有非常多介紹相關概念的腦科學書籍，想必有些讀者已經略有了解。

不僅在學術方面有證明，有些人在坐禪或是進行瑜珈時，也能夠實際感受到大腦（心情或是情緒）變得神清氣爽。

那是因為專注於坐禪或是瑜珈，也就是進行所謂的單一作業可以減輕大腦疲勞、幫助大腦重新補充能量。大腦重新啟動後，當然會增加後續的專注力，也能夠提升工作效率。

正因為了解這種「舒適感」，以矽谷為首的許多世界頂尖人士才喜歡進行「正念」。

從這樣的角度去思考，**正念可以說其實是最合理的一種「大腦休息法」**。

頂尖商務人士都會反覆進行單一作業

世界頂尖的商務人士或是工程師們，往往必須同時處理多項專案，卻不會感到疲累，甚至還很有精力地可以全世界到處飛。

單從外部的角度來看，他們每天都要進行非人般的多重作業。

但是，他/她們為什麼不會覺得疲累，還能夠持續使用大腦呢？

其中一個原因是他們都樂於工作，但更重要的是，他們都是「切換」高手。

在休息法（特別針對大腦疲勞的）中，**「切換」**是一個非常重要的關鍵字。

從結論來看，不論手上握有多少件專案，他們都不會同時思考所有專案，而是會在大腦中進行明確的切換。召開A專案的會議時，他們會完全專注在該內容上，會議結束後才開始處理B專案。

也就是說，**他們只是反覆進行單一作業，而且非常擅長於進行這種切換**。

證據是，越是頂尖的商務人士越懂得在玩樂時專注玩樂、在餐廳吃飯時就專心享受餐點——讓「盡情享受當下」這件事成為一種習慣。

這正是所謂的正念。

話說如此，我們無法在短時間內學會像他們那樣的專業「切換」。再加上，如果是一般人，往往會想著：「那件事情會變得怎樣呢……」「這個工作沒問題吧……」因而在意東、在意西的，這也是無可奈何。

各位應該遇到過在人際關係方面有些壓力，所以很在意某些事情，或是腦袋裡經常在想家庭問題之類的經驗吧。不，應該說這些事情很普遍吧！

正因為如此，我們必須有意識地將大腦從多重作業切換為僅進行單一作業，並且必須正確休息、讓大腦重新提起精神。

妥善進行自我控制，提升自我肯定感

先前談到許多現代人的心理韌性、自我肯定感低落。

那麼，該如何恢復心理韌性、提升自我肯定感呢？

我想要推薦各位使用一種非常簡單的方法，那就是**「妥善進行自我控制」**。

說到「控制」，或許聽起來會覺得很誇張，但其實也沒有那麼嚴重。

比方說，各位是否曾經有過心裡想著：「好想去看那個美術展啊……」「如果下次休假可以去美術館就太好了。」的經驗呢？

可以完成自己「想要做」的行動，就是此處所謂的「自我控制」。可以藉此提高心理韌性、自我肯定感，雖然只是非常微小的事情，卻是非常重要的條件。

感受「完成自己想做的事情！」的喜悅

人類如果必須依循自己無法反抗的事物生存下去，就會逐漸覺得疲乏，進而使得自我肯定感低落。

在職場上也是如此。無關乎自我意志或是希望，任由公司或是頂頭上司擺佈、每天拚死拚活地執行被要求的事物時，就會逐漸開始感到自我嫌惡、疲勞，進而造成心理韌性低落。

像這種「持續依循自己無法反抗的事物」的狀態，是相當痛苦的。

這樣一來，心理（大腦）就會覺得疲累，進而缺乏精神動力，即使「想去美術館」，也會陷入「好麻煩，算了吧！」的思考模式。簡直就像是失樂症的狀態。然後，「無法妥善進行自我控制」這件事，又會進一步造成自我肯定感低落。有不少人都是因此陷入這種惡性循環。

只要深呼吸一分鐘，就可以進行自我控制

不論是在職場或是學校裡，如果可以根本性地改變自己所處的環境當然很好，然而事實上，對許多人來說，都是一件非常困難的事。

處於這種狀態下時，**即使是用零碎的時間也可以**，請務必意識到要**「妥善進行自我控制」**。

比方說，因為工作所需而回覆電子郵件時，如果不要把它當成是工作，而是用像

是打電動的感覺「十分鐘內我要回完這兩封信」，並實際完成該項工作。

只要這樣做，就可以充分達到自我控制。

除此之外，還有各種方法。

有些時候我們一定也會突然想要不管不顧，工作做得拖拖拉拉，陷入一種「撒手不管、放水流的狀態」，也就是「無法妥善進行自我控制的狀態」。

這時，**請確實進行一分鐘的深呼吸，重新啟動心情**。

這種帶有積極性的作為就是在「妥善進行自我控制」。

即使對罹患輕微失樂症的人說：「放假時，去看看那個你一直想去的美術館吧！」「請務必試著去做做看你一直想做的慢跑或是瑜珈。」但光是要讓他們對這種程度的事情付諸行動也是相當困難的，因為他們或許已經喪失了做那些事情的力氣。

像這樣的人到了假日，千萬不要再繼續整天看電視，或是用智慧型手機進行網路漫遊（正確來說是網路漂流），希望大家可以想著：**「五分鐘就夠了，試著去散步吧！」**或是進行「實踐篇」中介紹的呼吸法，想著：**「三分鐘就夠了，試試看吧！」**

這些零碎的事物可以讓自己感覺到「我可以進行自我控制了」，進而提升自我肯定感與心理韌性。

——那麼，關於「理論篇」的部分，我們就先談到這裡。

各位讀者如果想要消除大腦疲勞，必須先理解以下這兩件非常重要的事情：

- **實踐正念**
- **妥善進行自我控制、提升自我肯定感**

在接下來的「實踐篇」中，我們終於要來和大家來談談具體的實踐方法。

實踐篇

第1章 把意識擺在身體的某一部位

1 專注呼吸

具體實踐方法

實踐方法相當簡單。只需要**專注且有意識地進行平常無意識在做的呼吸**即可。

你可以坐在椅子上、坐墊上，也可以站著，想像頭頂上有一條直線拉著你，讓你背部的肌肉延伸拉長。

接著，慢慢從鼻子吸氣，讓空氣充滿體內。之後，再慢慢用鼻子吐氣，反覆進行數次。

接著，**不要控制呼吸，只要注意並持續觀察空氣從鼻子進出的流動情形，以及腹部隆起、內凹的感覺**。

就算覺得呼吸不順、無法確實進行這個動作，也不要給自己評價好壞。只要持續進行這個動作就好，進行呼吸的重點在於，專注地去感受空氣通過自己鼻子，然後進入腹部，使胸部與整個腹部周邊跟著隆起，再於吐氣時胸部與腹部往內凹的感覺。

進行的時間沒有特別限制。一分鐘或是三分鐘都可以。

這是一種**「呼吸冥想」**。讓副交感神經處於優勢，即可達到放鬆的目的。

「呼吸冥想」的實踐方法

1　背部挺直

2　用鼻子慢慢吸氣

3　讓空氣進入腹部，感覺胸部與腹部隆起

4　慢慢地從鼻子吐氣。反覆進行數次

特別推薦給這樣的人使用

採用「呼吸冥想」的好處是可以隨時隨地在短時間內進行。

平常忙碌、無法空出一整段時間的人，可以在工作之餘抽出一分鐘，或是趁搭車等任何零碎的時間進行。

這樣的休息法特別推薦給一整天都要面對電腦、必須持續專注進行相同作業，以及總是悶頭思考事情的人。

如果放任大腦不管，想像力就會無限擴張，一個不小心就會開始想東想西。

為了重新啟動大腦，**重點是進行「呼吸」冥想時，只要把意識放在「當下確實存在的某樣東西」上，專注地進行即可。**

當然，大腦是一個帶有豐富想像力且具有創意發想力的器官，有時候即使想要專注呼吸，往往又會立刻浮現出其他各式各樣的想法。

這裡的重點在於，就算有雜念出現也絕對不要責怪自己。一旦發現自己的思緒飄到了呼吸以外的事情上，就可以在心中稱讚自己竟然能發現這個事實。

然後如果可以，就再次慢慢將注意力拉回對呼吸的觀察，繼續進行冥想即可。

「只要去感受呼吸即可」——就這樣進行單一作業的練習。

2 進行「火呼吸」

在前一個單元中，我們進行的是在放鬆狀態下的呼吸法。人類的身體中有自律神經，放鬆時會由副交感神經占優勢，活動時則是由交感神經占優勢。

放鬆且緩慢地進行呼吸時，會讓副交感神經占優勢，但是在此要介紹一種啟動交感神經的呼吸法。

在瑜珈的世界裡，有一種稱作「火呼吸」的方法。但想要確實實踐，其實稍有難度，所以在此介紹的是簡易版的「火呼吸」。

具體實踐方法

站或坐皆可，背部挺直，快速進行數次簡短的「哈、哈」吐氣。

訣竅是要有意識地進行腹式呼吸，**吐氣時，感受腹部往內縮的感覺**。

在習慣之前，時間不需要太長，進行五或十次即可。

特別推薦在這種時候使用

各位是否曾經在電視轉播相撲比賽中聽過力士們開始比賽前，也就是進行最後撤

「火呼吸」的實踐方法

1　背部挺直

2　有意識地進行腹式呼吸，快速進行「哈、哈」的短吐氣

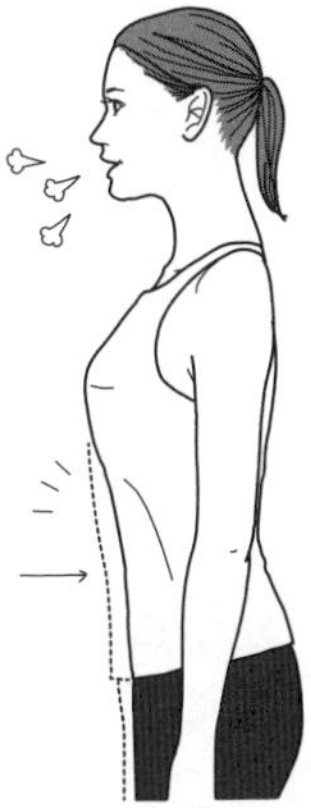

3　這時，將意識放在腹部往內縮的感覺

鹽動作時，會集中精神並大聲發出「哈！」「哈！」的聲音呢？我不確定他們是否也了解瑜珈的呼吸方法，但那的確是非常棒的一種呼吸運用法。

簡易版的「火呼吸」進行方式，和比賽前力士們所進行的方式一樣，**目標在於啟動心理與身體，可以說是一種「活力啟動型呼吸法」**。如果說我們介紹的第一項是用來放鬆的「休息放鬆型呼吸法」，那麼火呼吸就是其對照組。

記住這兩種呼吸法後，視必要情境選擇性使用，即可妥善調整自己的狀態。

比方說像是「在眾人面前報告」「與重要對象見面」「正在準備一個重要談判」等，大家隨時都有可能進入緊張狀態。

這種時候，如果可以緩慢進行「休息放鬆型呼吸法」，讓情緒平靜下來，就不會有太大的問題。

但是，有些人即使放慢呼吸，緊張感還是會不斷攀升，反而會變得更加不安。

在此希望各位能記住一件事，那就是**「緊張」絕對不是壞事**。

知道接下來會面臨一個很重要的場面，任誰都會感到緊張。身體勢必得為了那個重要場面做準備，所以會緊張。

因此，緊張是一種非常重要且必要的感覺，但還是要避免過度緊張或讓自己不安的情況。

此時希望各位能夠嘗試進行簡易版的「火呼吸」。

緊張時，明明想讓自己冷靜下來卻更加緊張，甚至方寸大亂者，都可以藉此調整身體平衡狀態，也有可能幫助自己平靜下來。

請用一種好像要打開自己身體開關的感覺，短促且強力地吐氣發出「哈、哈、哈」的聲音來實踐這種方法。

和「休息放鬆型呼吸法」相比，這種「活力啟動型呼吸法」的好處是，**不須要考**

慮其他多餘的事情，只專注在呼吸上。只需要進行五或十次，應該就可以切換到所謂的「戰鬥模式」，感覺充滿幹勁。

但是，只有一點須要特別注意。罹患腦血管疾病患者、心肌梗塞、心肌症等患者，請避免採用這種呼吸法。因為可能會出現缺氧狀態、對循環系統造成負擔，進而對身體產生負荷，這點請務必多加注意。

進行這個呼吸法時會伴隨著「下腹部用力」，所以妊娠中的孕婦也應避免採用此方法，並且請避免在剛吃飽後進行。

3

說出體內的變化

現在，你的體內有怎樣的感受或是感覺嗎？

這個單元要介紹的是「試著專注地去感受，並在腦海中轉換為文字」的休息法。

具體實踐方法

比方說，早上起床時感受一下自己的身體狀況，像是「今天肩膀稍微有點僵硬耶」「腰部覺得很酸」「嘴巴乾乾的」「有點消化不良」等。

專注地去掌握那些感覺。也就是說，將認知資源挪到自己的體內。

接著，**不只是去感受，還要在腦海中將那些感受轉換為文字，重新確認那些感受。這個稍微有點麻煩的細節相當重要。**

早上起床後，人類的身體會慢慢地啟動，在準備出門的過程中，肌肉會放鬆，肩膀與腰部的沉重感也會變得比較舒緩，即使剛起床時覺得「稍微有點頭痛」，也很容易自然地緩和下來。

把意識放在這種微小的「體內所產生的變化」、注意那些變化，也是很棒的一種正念。

這樣就可以在日常生活中，以自然的形式帶入正念。

早上喝水時，覺得冰涼、舒爽的感覺通過喉嚨，喝咖啡時或許也會察覺到頭腦慢慢開始啟動。

請重視那些感覺，並把它當作是早晨的一個習慣。

試著用寫小說的方式將感受文字化

講個題外話，我非常喜歡村上春樹的作品。
每次閱讀他的作品，都會看到大量關於做菜、泡咖啡、喝咖啡的描寫，那些描述十分仔細且讓人覺得非常美好。

是如何煮沸熱水、烹煮義大利麵的呢？
製作一份簡單的三明治，並且享用，會是怎樣的心情呢？
早晨喝一杯咖啡，是如何啟動自己內心與身體的呢？

——這些事情，村上都會用一種詳細且富有魅力的口吻去描述。

仔細想想，這種感覺其實就是一種正念。

不僅只有用餐，出門時的陽光會帶給你怎樣的感覺呢？寒冷的風吹在臉頰上的感覺、手腳指尖凍僵的感覺等，專注地觀察身體所感受到的，然後像是在寫小說一樣，試著在腦海中將那些感覺文字化。

這個行為本身就是一種對自己的呵護。

4 身體掃描冥想

所謂「身體掃描冥想」是**一種好像被用MRI（磁振造影）將整個身體掃描一遍的感覺，將意識擺在身體的各個部位（頭部、肩膀、胸部、腰部、足部等），並且專注觀察的一種冥想法**。

這種冥想法由在醫療領域中被視為正念概念領頭羊的喬．卡巴金（Jon Kabat-Zinn）所提出，做完一遍他的療程約需花費四十五分鐘。請將本單元的「身體掃描冥想」視為其簡易版。

另外，陳一鳴先生也在Google總部導入正念情商暨領導力課程「SIY（Search Inside Yourself）」。

具體實踐方法

請先仰躺並進行三十秒的「呼吸冥想」，藉此調整心理狀態。這是身心靈的準備階段。

接著，**導入時先將意識集中在「腳尖」，試著去感受「該處有什麼感覺」**。像是「腳尖好冰冷」，或是「總覺得腳麻麻的（不寧腿）」之類的感覺等等。

然後再將意識放在「腰部」，同樣專注地去觀察「有什麼感覺」。像是「稍微有點沉重」或是「稍微有點僵硬」等。

接著同樣將意識放在「胸部」。這時要專注去感受心臟的跳動、是否會覺得胸悶，或是能否藉由呼吸感受到空氣進入肺部等。

再同樣觀察「肩膀及脖子」的感覺，最後把意識移動到「頭部」。去感受是否有

「身體掃描冥想」的實踐方法

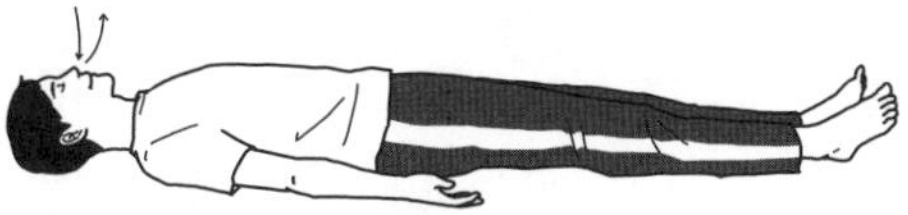

1　仰躺，進行30秒的呼吸冥想

2　將意識集中在腳尖，試著去感受該處的感覺

3　接著，將意識移動到腰部

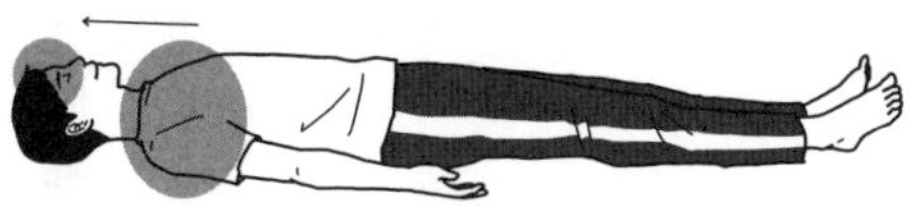

4　再將意識從胸部移動到肩膀、頭部

「頭好沉重」「有點疼痛呢！」或是「有點燒燒的」等感覺。

完成後再進行約三十秒的呼吸冥想。

這樣就完成了一組「身體掃描冥想」。

實踐時不用拘泥於枝微末節的實踐方法，重點是將意識放在身體各個部位，並專注地去感受各個部位的狀態。

這樣的人、這些時候使用特別推薦

「身體掃描冥想」**建議可以在晚上就寢前於地板、床墊或是床鋪上進行。**

採用這種休息法，可以讓身體放鬆，幫助順利入眠。

難以入眠的人、進入被窩後還是會東想西想的人都可以**藉由「身體掃描冥想」這**

種將認知資源放在體內的單一作業，舒緩身心。

「身體掃描冥想」是一種推薦給所有人使用的休息法，**特別是**那些必須不斷與他人有業務往來的人（像是諮詢顧問、教練、客訴處理等電話接聽專員、公司窗口業務等），也就是**經常要將大量認知資源放在「自己外部」、每天被工作追著跑的人**。

請務必每天在睡前盡量將意識大量投放在自己體內。只要能夠維持這樣的習慣，別說是身體，就連心理（大腦）方面也能夠獲得充分的休息。

白隱禪師的「軟酥法」

日本江戶時代中期，有一名被稱作「臨濟宗中興之祖」的白隱禪師。白隱禪師提倡的「軟酥法」剛好與「身體掃描冥想」非常相似。我認為這種冥想法很可能就是現代身體掃描冥想的原型。

首先，想像一下頭上放著一顆雞蛋大小的球。這顆球會散發出非常宜人的香氣。不論是精油香氣、花香都可以，試著想像自己會覺得舒適好聞的香氣即可。

接著，想像這顆球如奶油般融化了，並且覆蓋在你全身，藉此仔細去觀察身體各個部位。

那顆溫暖的融化奶油覆蓋在你身上，凝結了你的疲勞、去除了你的緊繃，同時也淨化了你的內心。

最後，感覺自己輕飄飄地沉浸在那香氣宜人的溫暖液體上——這就是所謂的「軟酥法」。

實際上，在發祥於印度及斯里蘭卡、擁有五千年以上歷史的「阿育吠陀（Ayurveda）」傳統醫學中，也有將油品從頭部（額頭正中心位置）淋下，以進行身心療癒的「shirodhara」手法。

應該有很多人曾經從電視廣告或是雜誌等處看過這種將油從額頭處淋下的「shirodhara」。

雖然沒有像「shirodhara」一樣實際將油淋在身上，但是藉由這種想像液體流經身體的感覺，更能夠幫助我們專注去感受全身。這就是「軟酥法」的基本概念。

與「身體掃描冥想」可以說是有非常多共通的部分。

5

專注地去感受腳底的感覺

基本概念非常簡單。**將意識集中在站立、走路時，腳底的感覺**——就只需要這樣做而已。

這也可以稱作「腳底冥想」。

具體實踐方法

在尋找一種更舒適、享受與日常生活稍微不同感覺的意義上，其實可以去海邊並赤腳走在沙灘上，或是赤腳走在公園草地上都很不錯。

腳底內側的哪一個部位承擔了你的體重？重心是怎樣移動的？

請專注地去感受**腳底有怎樣的感覺，是沙沙的嗎？還是粗粗的呢？**諸如此類。

當然，即使沒有真正前往沙灘或是草地，在日常生活中專注地去感受腳底的感覺，也可以實踐「正念」。

比方說，在車站或是十字路口都會有那種為了盲人設置的導盲磚。站在導盲磚上，用腳底感受那種凹凸感也是很不錯的休息法。

走在一般路面時，也可以將意識集中在腳底，即可感受到路面的凹凸，或是平常感受不到的小斜坡等。

更進一步來說，我認為不需要特意外出，也可以赤腳在家裡的走廊、舖設木地板的房間，或是榻榻米上慢慢走動。

不論如何，重點是要進行「將意識集中在腳底」這項單一作業。

特別推薦給這樣的人使用

各位當中應該有很多經常要同時處理許多事物，但卻難以專注於確實處理單一事物的人吧！

對於上述這種類型的人，在此特別推薦使用「腳底冥想」。

只需要短短一～三分鐘的時間即可，將意識專注在腳底。只要這樣做，就可以讓大腦重新充滿能量。

然而，重點並不是「現在就開始進行一分鐘！」或「進行三分鐘」，只要用一種差不多、大概的感覺，「在自己舒適狀態下進行」就好。結論就是，想進行一分鐘也好，十分鐘也可以。

現代人的腳底感覺遲鈍

人類的身體原本應該是「手掌」與「腳底」的感覺最為纖細與敏銳。因為我們會用這些部分來觸碰東西、直接接觸地面，如果感覺不夠敏銳，就無法察覺到危險。

然而，現代人外出時基本上一定都會穿鞋子，女性穿高跟鞋的機會也很多。在這樣的日常生活中，我們直接感受到地面的機會自然就減少了，光是這樣就會讓感覺變得遲鈍。

甚至可以說是生物的退化。

在那種喚醒「人類原有感覺」的概念下，**請試著經常赤腳走在草地或是沙灘上，去感受大地帶給我們的感覺。**

女性朋友也可以在假日捨棄高跟鞋，改穿平底鞋走路，確實去感受地面所帶來的感覺。

感受赤腳所傳達給我們的感覺、感受自己的重心會如何在腳底移動等，也是將認知資源放在自己體內的有效休息法之一。

6 藉由精油「改變氣氛」

情緒或氣氛與「氣味」實際上有緊密的關聯性。

「氣味」這種感覺刺激會由位於腦部內側的嗅覺皮質（olfactory cortex）所接收。嗅覺神經在大腦內側的位置相當靠近中樞神經、掌管記憶的海馬迴及掌管情緒的杏仁核，因此氣味很容易連結到人類的記憶與情緒。

我們經常會聽到「我想起嬰兒時期母親的味道」或「無法忘記舊情人的味道」等說法。腦科學已經證實，「味道」與「記憶」是有關聯性的。

同樣的，**我們也可以得知，「氣味」會對情緒造成很大的影響**。

證據是與傳導氣味與傳導其他感覺（味覺或是觸覺等）的神經不同，只有嗅覺神經會直接與掌管記憶的「大腦邊緣系統」連接。大腦邊緣系統位於大腦後方，也就是負責動物性及本能性的大腦功能部位。

比方說，聞到葡萄柚的味道時，理性面會想說：「這是柑橘類的香氣，會促進大腦內部腦內啡的分泌，具有減輕壓力的作用」等，過沒多久後，就覺得心情自然而然變好，原本低落的情緒也提振了起來。

這是因為嗅覺刺激會直接強力作用於「情緒」這種大腦的本能反應。聞到令人不悅的臭味，會覺得很焦慮、靜不下心來。相反的，聞到宜人的味道，情緒則會變得穩定、有精神。

在此介紹的休息法是希望各位善用「嗅覺」，靈活切換情緒。

具體實踐方法

將精油倒在手帕上，然後放在枕邊入睡。

或是帶著手帕走路，想要切換氣氛時就拿起來聞一下。只需要這樣做就可以了。

使用精油時，只要一、二滴就夠了，不需要過於強烈。反過來說，如果習慣了強烈的香氣，就會去追求更濃郁的刺激，因此**特別是剛開始時，應注意要從最少量開始使用**。

此外，精油不需要像香水那樣直接塗抹於身上，因為其揮發性較高，我認為更適合於想要轉換氣氛時使用。

如本書先前談論過的，**為了不要讓大腦的疲勞持續累積，重點是要懂得靈活切換氣氛**。

所以，善用「氣味」也是非常好的一種休息法。

精油的使用區分

在精油的選擇方法上，可以大致區分為兩大效用。

一種是用於讓情緒穩定的**「鎮靜版」**。

例如薰衣草、檀香、依蘭依蘭、柏木等都有助於穩定情緒。

另一種，則是可用於提振情緒時使用的**「活絡版」**。

像是芸香、葡萄柚、檸檬等柑橘類，還有胡椒薄荷、綠薄荷等薄荷類香氛都很適合用來提振心情。

早上搭車通勤、工作空檔、午休等時候，想必常常會有「想要切換一下氣氛」的場合。

精油非常適合當作切換的開關，可以隨身攜帶一小瓶，空檔時倒個一、二滴在手帕上，用鼻子吸一下，讓大腦重新充滿能量也是很不錯的好習慣。

只要這樣做，就能夠幫助自己暫時切斷日常作業流程，妥善進行自我控制。這一點非常重要。

日本女性已經養成使用香氛的習慣，所以比較不會抗拒，但是這種休息法當然也很推薦男性朋友使用。

藉由香氣可以讓自己重新充滿能量，只要可以進行自我控制，就能夠提高自我肯定感與心理韌性。

實踐篇

第2章 在用餐時實踐正念

7 用餐時慢慢感受其中變化

第2章中要來介紹與「飲食」相關的正念。

每個人每天都要吃飯，從這個角度去思考，吃飯可以說**是最容易在生活中採用的休息法**。

在此想要介紹給大家一種最容易理解的方法，我將其稱之為**「拉麵冥想法」**（拉麵以外的食物當然也OK！）

具體實踐方法

重點只有「慢慢的」以及「去感受變化」。

去拉麵店用餐，當拉麵出餐到面前，別急著開動，**先仔細觀察它**。

「湯頭的顏色好美啊！」「看起來好好吃啊！」「海苔放在這裡，蛋是那樣浮著的啊！」「叉燒看起來煮得好軟嫩！」像這樣仔細去觀察拉麵的狀態，並在心中形之為文。

雖然說是要仔細觀察，但是大概也就是花上三十秒左右而已。因為如果花掉太多時間，麵條就會被泡得太軟爛。

然後，**再聞一聞味道，充分忍耐過後再開動**。

剛開始吃的時候請不要添加胡椒或是辣油之類的調味料，先享受一口拉麵的原味，仔細品嚐拉麵的口感與味道，還有竄入鼻腔的香氣等。

如果想要添加其他配菜，也請一種一種慢慢添加，邊吃邊感受其味道與口感。

海苔酥脆的口感以及泡到湯裡變軟的部分；筍乾、蔥花的口感；以及叉燒肉吃起來軟嫩又多汁的感覺。

用餐時仔細去體會這些感覺，即是所謂的「拉麵冥想」。

我個人很喜歡用菠菜當配菜，因此經常會加點。吃菠菜時，我會先品嚐一下尚未浸泡到湯頭的部分，感受菠菜原有的口感，之後再沾著湯汁，配著麵條一起享用，品嚐風味略有不同的菠菜。

用餐時用心去判斷「味道差異」及「變化」，這就是「拉麵冥想」（飲食冥想）的基礎。

此休息法的效果

當然，這種冥想法的對象物不一定要是拉麵。

用前述方式專注地去享受每一種食材、注意其味道的變化，就會讓用餐這件事情成為一種單一作業。這是此休息法最重要的部分。

總是忙碌的人在用餐時往往無法將工作或是其他煩心事驅離大腦，連自己在吃什麼東西都沒有感覺。每天午餐「都只是吞進去而已」——恐怕有很多這樣的人吧！

另一方面，採用這種「拉麵冥想」式的覺察吃飯法時，**可以暫停「工作模式」「煩心模式」，專心用餐**。因此，這種「切換」非常重要。

從實踐面上來說，這種「切換」並不限於三餐，也可以在工作之餘稍微吃點零食時進行。

不論是吃巧克力或只是吃一顆葡萄乾都可以慢慢地、仔細地去觀察，感受其形狀與顏色。然後，請將該零食放入口中含著，充分去感受該食物的堅硬或是滑順感、甜味以及融化在嘴裡的感覺。

這裡的重點還是「慢慢的」，以及「感受變化」。

好不容易「可以稍作休息」，所以請留意必須專注用餐，進行單一作業。

只要這樣做，就能讓大腦充分獲得休息。

「飲食冥想」有助於身體健康管理

慢慢地、仔細地去享受餐點，**能夠帶來一些額外的健康效果，即使食物調味很清淡也會讓人覺得很美味，還能夠降低用餐分量**。

食量大的人，通常吃飯速度也很快。另一方面，實踐這種覺察式飲食法後，就會開始放慢用餐速度，並且能夠快速獲得飽足感，進而減少食量。

此外，光是逐一去感受食材味道，就能讓味覺變得更加敏銳。能夠感知「食材本身即非常有味道」後，就會逐漸開始喜歡比較清淡的味道。

實際上，已經有許多案例報告顯示，在實踐這種覺察式飲食法後，有些人的糖尿病獲得改善、血糖控制狀況變好、胰島素注射的單位劑量也降低等。

同樣的，也有許多案例是因為飲食變清淡而改善了高血壓問題。

二〇一六年，美國布朗大學的研究表示，實踐正念的人們在血糖控制方面有較良好的傾向。

美國密蘇里大學近年來亦開發出以正念為概念的飲食法——「The Mindfulness-Based Eating Solution（正念飲食法）」，迄今仍有許多參與者持續實踐。研究報告指出，藉由該方法，只需適量的餐點即可讓人產生飽足感，不須要勉強自己，是一種復胖風險機率較低的減重方法。

除了有助身體健康，正念式飲食法還能夠減輕大腦疲勞。請各位務必實踐看看。

8 用三分鐘專注地「喝飲料」

我想很多人都是一個人進入咖啡廳，點餐後立刻開始划手機，或是打開電腦、資料開始工作吧！

但是，只花三分鐘也可以，請至少抽出一小段時間「好好品嚐」自己點的那杯咖啡或紅茶。

具體實踐方法

實踐方法和「飲食冥想」一樣。**先仔細觀察那杯飲料的外觀或是香氣，甚至是馬**

克杯的溫度，再慢慢將飲料含在口中，去感受飲料的味道、溫度、舌尖觸感、在口中擴散開來的香氣以及穿過喉嚨等的感覺。

這些短暫的「重新啟動的時間」可以幫助大腦休息，並提高後續工作的專注力。

「溫柔時光」療癒人心

二〇〇五年曾推出一部由倉本聰先生撰寫劇本、寺尾聰先生主演的日劇《溫柔時光》（優しい時間）。有些讀者可能有看過。

該劇非常有倉本風格，故事背景是在北海道富良野的一間山屋咖啡廳。顧客必須用手動磨豆機親自研磨要喝的咖啡豆。是非常特別的一間咖啡廳。

咖啡廳窗戶正對著北海道寬廣雄偉的自然景觀，窗內的顧客們「喀啦喀啦」慢慢地磨著咖啡豆。

……完全是一段正念的時間。那是一部藉由「溫柔時光」療癒人心、使人重生的故事。

一般進入咖啡廳，通常不會須要顧客去研磨咖啡豆，但是**享有一段如此「專注的時光」「溫柔的時光」也是非常推薦的一種休息法**。

即使是在辦公室的茶水休息區喝著罐裝咖啡，也可以透過手掌去感受從罐體傳來的涼感或是熱度，恭敬地打開罐子、享受那股咖啡香氣。在「啵」一聲開罐的瞬間，香味四逸，即可充分享受一段「溫柔時光」。

有意識地將那樣的「溫柔時光」放在日常生活中，就能夠妥善控制自己的情緒。只要這樣做，應該就會萌生出一種想要好好呵護自己的心情。

9 用心料理食物

如同前一單元中的「研磨咖啡豆」。自己用心準備、烹煮要吃的食物，也是一種正念。

具體實踐方法

將咖哩或是白醬等放入鍋中煮得啵啵作響，同時慢慢地攪拌均勻。**不去思考其他多餘的事情，就只專注在這件事情上，為了把食材煮到入味並避免燒焦，所以用心攪拌**——這是非常棒的一種大腦休息法。

再更深入一點來談這件事。吃納豆時，我們會為了讓納豆產生黏性而進行攪拌。既然要這樣做，那麼**專注且用心地進行就可以幫助穩定情緒**。

禪學的基本思維就是「活在當下」。用心準備餐點就是一種禪修、一種正念。除此之外，也可以**親手製作蕎麥麵，或是搓揉手工麵包的生麵團**。專心一志地揉捏蕎麥粉或小麥粉，用心讓麵糰成型，也具有幫助精神穩定、減輕大腦疲勞的效果。

題外話，我覺得「名古屋鰻魚飯」的吃法就非常有正念的感覺。

如同各位所知，「名古屋鰻魚飯」一開始是先直接吃原味的鰻魚飯，再陸續添加辛香調味佐料或是芥末，最後再淋上高湯醬汁享用。

這樣一次又一次，專注地從裝鰻魚飯的盒子裡舀出來到碗裡，一邊感受口味變化，一邊享用「名古屋鰻魚飯」，這種作法的本身就是一種正念。

下次各位如果有機會去吃「名古屋鰻魚飯」，請務必留心去做這些步驟。

「茶道」的過程非常重要

在茶道的世界裡，「專注沏茶」的流程非常重要。

比起「喝到好喝的茶」，更重要的是花時間沏茶、仔細用心準備。沏茶者本身要用一種款待對方的精神，傳承茶道的傳統與文化。

準備餐點時，**只要稍微留意「用心、慢慢、專注」**，就能培養出正念的習慣。

實踐篇

第3章

擁有最佳的睡眠品質

第3章中將介紹以「睡眠」為主的休息法。**睡眠**可以說**是讓身體與大腦正確休息的最重要元素**。

然而，有相當多人都對睡眠有著錯誤的認知。

比方說，我就聽過有人說：「想要好好睡，重點就是要讓身體累一點。」然後在晚上拚命勉強自己慢跑、做肌力訓練。

我並不是要否定慢跑或是肌力訓練，但在「提升睡眠品質」這點上，並不能說是正確的方法。

因此，希望各位讀者在此務必要知道「為什麼會睡不好？」「為什麼睡眠品質會下降？」等「正確的睡眠基礎知識」。

睡眠荷爾蒙「褪黑激素」決定睡眠品質

人究竟是為什麼才會想睡覺呢？

其實是因為大腦中會分泌出一種「睡眠荷爾蒙」——褪黑激素。分泌褪黑激素時會讓人變得想睡覺，如果抑制褪黑激素分泌，則會讓大腦及身體變得活躍，讓人遠離想睡覺的狀態。

這是褪黑激素基本的運作機制，請務必牢記。

這種**褪黑激素**具有一定的生理循環，**會在早晨照到陽光時停止分泌，等到十四～十六個小時後再次分泌**。

假設，在早上七點照到陽光，褪黑激素就會在該時間點停止分泌，並且讓身體與大腦開始活動。接著，大約在十五個小時後，再度分泌褪黑激素，就會逐漸讓人覺得想睡，因而進入睡眠的循環。

也就是說，如果睡到中午十二點才起床，這時才照到陽光，那麼下一次褪黑激素啟動的時間就大約會在凌晨三點左右。

我想各位應該都有過這種經驗，即使晚上十二點進鑽進被窩，還是會覺得「完全睡不著……」「總覺得無法入睡……」吧！因為**「早晨照到陽光」的時間點會造成一定程度的影響**。

藍光會造成「褪黑激素」停止分泌

總之，想要有良好的睡眠品質，**第一個重點就是「讓褪黑激素正確分泌在想睡覺的時間點」**。請先用這種簡單的方式去思考這件事。

各位應該經常聽說，如果睡前暴露在電腦或是智慧型手機等藍光下，會對身體造成不良影響吧！

之所以會對身體不好，是因為暴露在強烈藍光下，會造成褪黑激素停止分泌。就算身體逐漸進入就寢準備狀態，也就是已經開始準備分泌所謂的褪黑激素，但是暴露在強烈藍光下，還是會讓褪黑激素難以分泌，因而與優質睡眠漸行漸遠。

此外，各位應該也有聽說過，晚上不要直接暴露在螢光燈等「白光或明亮光線」下，可以採用稍微帶有暖光的柔和間接光線會比較恰當。這也是為了不要讓強光妨礙褪黑激素分泌的方法之一。

最近市面上有販售一種可以調節照明亮度與色調的LED照明，**可以隨著時間不同而調整「照明光線強度與色調」，也能夠有效提升睡眠品質**（請見參考文獻）。

像這樣調整外部環境，促使褪黑激素正常分泌是擁有良好睡眠品質的重要方法。

攝取大豆製品、乳製品可提升睡眠品質

為了促使褪黑激素適當分泌，不僅是外部環境，也必須注意體內狀態。就是**要確實攝取能夠製造出褪黑激素的營養素**。

褪黑激素必須在體內歷經好幾個階段才能夠被製造出來，真正轉換成為褪黑激素前的最後一個階段是稱作「血清素」的荷爾蒙。

血清素又被稱作「幸福荷爾蒙」，**目前已知憂鬱症與血清素不足有關**。憂鬱症的代表性症狀之一是失眠，推測原因可能是血清素不足，所以無法製造出褪黑激素。不論如何，為了擁有優質的睡眠，「褪黑激素」與「血清素」都是不可或缺的。

可以用來製造血清素的材料、營養素就是「色胺酸」這種胺基酸。然而，色胺酸

無法在體內自己產生，只能夠從外部攝取。

大豆製品與乳製品就富含大量的色胺酸。也就是說，**適量攝取納豆、豆腐、味噌等大豆製品，或是牛奶、優格、起司等乳製品就能夠促進色胺酸的產生。**

幾乎所有日本人都有「睡眠負債」

在睡眠方面，還有一個不可忽視的問題就是時間，也就是睡眠的長度。

日本人的平均睡眠時間據說是全世界最短的，連世界睡眠協會都將其視為一個探討議題。

日本十五歲以上，未達六十五歲的全人口平均睡眠時間為七小時四十三分鐘。這個數字乍看之下好像睡得非常充足，但是這個數字包含從高中生到退休後的世代，因此可以知道，一般成人的睡眠有多不足（請見參考文獻）。

平時的睡眠時間若經常未滿六小時，就會一直在累積「睡眠負債」，處於一種慢性睡眠不足的狀態。

許多人都是平時經常性的睡眠不足，到了假日就一口氣「昏睡一整天」吧！

睡眠無法「儲蓄」，但是卻會「負債」。是一種**我們無法事先「儲存睡眠」，但是持續睡眠不足則會累積「睡眠負債」**的結構。

為了償還這筆負債，就會出現假日一次睡到飽的模式。

就暫時因應來看，假日睡好睡滿固然重要，但目標還是應該放在「改善平時睡眠不足的情形」。

白天總覺得昏昏欲睡、專注力下降，搭乘電車時一坐下來立刻打起瞌睡的人，或許就是正在累積睡眠負債的人。

首先，我們必須針對這些狀況作一些處理。

造成睡眠品質下降的「四大原因」

目前為止，我們已經談論過睡眠的機制。

接下來要探討的是造成睡眠品質下降的內在因素。在此介紹最具代表性的四種類型。

1 行為引發睡眠不足症候群

第一種是「行為引發睡眠不足症候群（Behaviorally Induced Insufficient Sleep. Syndrome）」。

如同字面上的意思，所謂的「行為引發」就是指「因為自身行為而導致的睡眠不足」。典型的行為像是到了夜晚仍暴露在藍光下（滑手機、打電腦、看電視到很晚等）。

或是喝酒喝到很晚之類的，也就是因為自己的行為或是習慣所造成的睡眠不足類型。

2 睡眠呼吸中止症

「睡眠呼吸中止症」是指睡眠中會暫時進入停止呼吸的狀態。包含潛在患者在內，日本約有二百萬～五百萬人被判定為睡眠呼吸中止症（請見參考文獻）。

因為是在睡覺時發生，所以當事人很難察覺，「經常被說睡覺會打鼾」「晚上會醒來好幾次」的人，很有可能就有睡眠呼吸中止症。

晚上起床好幾次去上廁所，通常容易被視為頻尿問題，然而其實有不少人是因為罹患睡眠呼吸中止症，覺得呼吸困難而醒來，常見的模式是「醒來→以為自己想去洗手間」。

和歐美人士的骨骼比較起來，亞洲人的顎骨較小，下顎會往後收，因此相對來說，舌頭在口中所占的體積比例較大。舌頭及其周圍組織就容易阻塞在咽喉處，所以被判定罹患睡眠呼吸中止症的人較多。

最直接的原因是舌頭落入咽喉而導致呼吸中止，因此，**最簡單的因應方法就是側睡**。

當然，睡覺時往往會因為翻身而改變姿勢，所以**可以使用抱枕會比較容易維持側睡的姿勢**。或者還有一種方法是，在背包內塞滿報紙等物品，使其呈飽滿狀，再背著背包睡覺。

除此之外，還有用醫療用膠帶封住嘴巴，避免用嘴巴呼吸，或是使用牙套等各式各樣的方法，在意這個問題者建議可與醫師諮詢。

3 不寧腿症候群

「不寧腿症候群（restless legs syndrome，RLS）」俗稱「腿部躁動症」，是一種睡覺時腳會不停抖動、無法休息的一種疾病。

睡覺時，腿部會週期性地一直抖動，從躺在床上開始到入睡前，會覺得從下半身開始到身體各處都出現痲、熱等不同症狀，但不論如何都會覺得腿不太舒服而無法好好入睡。

這種症狀常見於年輕女性，通常是因為缺鐵所造成，因此**確實攝取鐵質是首要因應對策**。

認為自己可能是不寧腿症候群的人，請確實與專業醫師諮詢。通常可以藉由藥物治癒，如果能夠藉此提升睡眠品質，也可以改善身心狀況。

4 日夜節律性睡眠障礙

所謂「日夜節律性睡眠障礙（circadian rhythm sleep disorder）」，誠如其名，就是指「睡眠節奏」紊亂。其中最常出現的是「DSPS（Delayed Sleep Phase Syndrome）」，也就是「睡眠相位後移症候群」。

所謂的「睡眠相位」就是指「睡眠節奏」，症狀是睡眠節奏會逐漸往後推遲。天都快亮了才要就寢，過了中午還在睡，入睡時間一直往後延遲。

很久以前就有報告指出，人類的生理時鐘週期一天是二十五個小時，如果置之不理，生活節奏就會慢慢往後挪動。

然而最近又有各種報告陸續被提出，例如：其實平均週期約為二十四小時十分鐘左右，令人意外的是，生理時鐘週期比二十四小時還短的人也不在少數，因此恐怕無法一錘定音就是二十五小時。

其實應該考量的是每個人的生理時鐘週期節奏差異非常大。如果真要討論為何睡眠節奏往後推遲的人越來越多，那我想大概不僅是受到「內在」的影響，受到「外部」環境的影響可能更大。

造成「日夜節律性睡眠障礙」最主要的原因，還是早上無法在既定的時間點沐浴晨光。

比方說，地下鐵工程人員因為一直在地底下工作，再加上值夜班的機會較多，睡眠節奏自然容易被打亂。不僅是地下鐵工程人員，護理人員或是輪班制的作業人員等須要值夜班的人，都容易罹患「日夜節律性睡眠障礙」。

經常須要出國出差、必須同時處理兩地生活的人，往往會受到時差的影響，也容易造成睡眠節奏紊亂。

這個部分，還有另外一個名稱叫做「時差症候群」（jet lag syndrome）。

但不論如何，想要消除這種睡眠障礙的重點就是，必須盡量在同一時間點就寢、同一時間點起床。

更重要的是，早晨要確實沐浴在陽光下（下一單元會再詳細敘述）。首先，希望各位能夠留心遵守這個原則。

針對在物理性方面有執行困難的人，市面上也有推出會放射出強力光線的產品。早晨強制讓自己沐浴在強烈的光線下，就是一種可以調整生活與睡眠節奏的方法。

實際上，有一些專業治療機構會利用散發出強烈光線的機器，強制那些早晨起床後，身體無法確實啟動的患者，或是那些不願上學的孩子們沐浴在光線下。

或者，有些時候因為工作而必須在早上四～五點起床，特別是在冬天或是戶外還很昏暗的時間點等，根本無法沐浴在陽光下時，就可以利用這種機器。目前已有許多個案會藉由這種方式「喚醒身體」。

不論如何，睡眠是健康的基礎，從休息的意義來看更是重要。如果放任睡眠節奏持續紊亂會造成身體危害，因此睡眠節奏容易混亂者，必須積極想辦法處理。

那麼，接下來就針對本章節的「睡眠」主題介紹幾種休息法。

10 早晨確實進行晨光浴

如同前面一直反覆提及的，人體內部會因為分泌褪黑激素而進入睡眠。目前已知褪黑激素會在早晨照到陽光的十四～十六小時後再次分泌。

也就是說，如果想在晚間好好入睡，重點就是要讓自己確實在固定的時間點沐浴在晨光下。

具體實踐方法

早晨起床時間不固定的人，請務必先決定好起床時間，然後養成做晨間日光浴的習慣。這樣一來，應該就會逐漸可以在晚上睡得香甜。

每天早上在固定時間起床，要出門上班或是上學的人可以花個一或二分鐘刻意去曬個太陽。

藉由沐浴在陽光下，促使褪黑激素停止分泌，同時啟動一整天的開關。這樣的效果相當良好，只要確實設定好生理時鐘，約十五個小時後就能夠順利入睡。

藉由週末進行法，打造「良好的睡眠循環」

一般週末休假的人應該較多，因此週末進行法就顯得非常重要。

有些人到了假日可能會睡得比較晚，因而錯失了晨光浴，結果造成當晚睡不好，因此打亂睡眠節奏。

話雖如此，有些人因為平日繁忙而慢性累積了「睡眠負債」，所以會想要在週末好好還債。

在此推薦各位**週六最好還是與平日在相同時間起床，養成晨光浴的習慣**。總之，要準時按下生理時鐘的開關。

如果還是覺得有睡眠負債沒還清，之後也可以再睡個回籠覺，或是舒舒服服地睡個午覺也沒關係。

在這種情況下，意識稍微有點慵懶也沒關係。

週休第二天，也就是**星期日，則要確實在固定的時間起床，並且僅在白天活動**。

像這樣善用週末六日（兩天的休息），清理「睡眠負債」，也能夠提高週一到週五的睡眠品質。

努力利用週末進行改善，就可以好好重整平日容易紊亂的睡眠節奏與睡眠不足的情況。

這也是非常重要的休息法之一。

11 睡前一小時完成沐浴

擁有優質睡眠有三大要素，條列如下。

1 規律就寢、起床
2 夜晚放輕鬆
3 早晨日光浴

這些是一切的前提。

以下提出幾個有助在夜晚放輕鬆的沐浴法。

具體實踐方法

請在睡前一小時完成沐浴。

雖然沐浴會幫助體溫升高，但是之後體溫會慢慢下降，所以**最好能夠搭配在體溫下降的時間點就寢**。

比起從浴缸出來後立刻就寢，請留意用一小時的時間慢慢進入睡眠狀態。

熱水維持在溫熱狀態是最基本的。冬天約三十九～四十度，夏天約三十八度即可。熱水溫度過高會使交感神經過於活躍，而與優質睡眠三大要素「夜晚放輕鬆」的目標背道而馳。

只要浸泡在溫熱的浴缸內十五分鐘，整個身體就會變得暖呼呼。離開浴缸後，身體會慢慢冷卻下來，請在這時候準備就寢。

夜晚做伸展運動OK，肌力訓練NG

我認為，夜晚就寢前可以做一些輕柔的伸展運動。能夠讓身體舒適休息的伸展運動強度，不會造成交感神經過度興奮，也可以為舒適就寢做準備。

然而，超過此強度的伸展運動，或是高負荷的肌肉訓練則會導致交感神經占優勢，因而與優質睡眠漸行漸遠。

如果想要做一些鍛鍊身體的伸展運動或是肌力訓練，請在睡前二小時完成。舒服地泡個澡，再靜下心來進行身體掃描冥想，能夠有效幫助順利入睡。讓自己習慣擁有一段放鬆的夜晚時光，即可提升睡眠品質。

12 調整燈光

具體實踐方法

早晨確實進行日光浴，讓褪黑激素停止分泌。

傍晚過後，則要避免採用會讓光直接照射到身體的電氣設備，**可以替換為稍微昏暗的間接照明**。如果原本室內採用的是白光日光燈，建議改用較柔和的黃光白熾燈泡，甚至可以改用可調光的燈具。

重點是不要直接看到光源，在柔和的燈光中度過。

建議養成每天晚上睡前「在稍微昏暗的環境中度過」的習慣。

比方說，看著燭光，擁有一段冥想時間也非常棒。感受蠟燭的火焰自然地搖曳，並專注地將認知資源放在自己體內，不論是在睡眠的意義上，或是正念的意義上都可以說是很棒的一種休息法。

如果想要增加放鬆效果，**建議也可以使用香氛蠟燭**。

雖然市面上推出有許多經安全考量的商品，實際使用蠟燭時還是請多加注意，避免失火釀災。

「看不見」反而療癒

視線昏暗、朦朧的環境，非常適合用來冥想。

視線朦朧，自然就會較容易「進行有意識地呼吸」「將認知資源放在體內」。

因此，**建議配戴眼鏡或是隱形眼鏡者，可以在冥想時先取下。**

話說回來，我平常也會配戴眼鏡，但是在坐禪或是冥想時就會取下眼鏡（進行冥想指導時例外）。

實際試做後會發現「視線昏暗、朦朧」的環境，反而更容易專注，可以讓情緒慢慢平靜下來。

13

午睡控制在一小時內

午睡也是非常有效的休息法之一。
然而，根據所採取的午休方法不同，也有可能會打亂睡眠節奏，必須特別注意。

具體實踐方法

首先，**基本原則是將午睡「控制在十～三十分鐘」或是「最長一小時以內」**。
如果午睡過後已經接近傍晚且就要進入夜晚，會造成睡眠節奏紊亂，因此希望各位讀者能夠將**「午睡最晚不要睡超過下午三點」**為原則。

想必許多人都聽過睡眠會以九十分鐘為單位，反覆進入「快速動眼期」與「非快速動眼睡眠」的週期。實際上也不一定會是九十分鐘整，有些人可能是六十分鐘，或是一百二十分鐘，時間因人而異。

因此，如果午睡只睡三十分鐘左右，由於還處於進入深層睡眠的前一個階段，所以可以快速起床。但這時大腦已經確實獲得休息，因此會有一種重新充電的感覺。

午睡，充其量就只是「假睡」，**「不太能夠真正睡著」**。短暫的睡眠稱作「小憩」，午休時間睡個十五分鐘就立刻起來，養成這樣的習慣就好。

在辦公室幾乎不太可能有機會躺下，有些人可能剛好有一個可以躺下的地方，但請記得，**小憩還是趴在辦公桌上瞇一下的程度比較剛好**。

下午三點後不要攝取咖啡因

除了「午睡最晚不要睡超過下午三點」，建議咖啡、紅茶、日本茶等含有咖啡因的東西也不要在下午三點後繼續飲用。

因為咖啡因的效果相當持久，傍晚喝咖啡，到了晚上有可能不太容易入睡。如果無論如何都想在傍晚以後喝咖啡，**建議飲用無咖啡因或低咖啡因的飲品**。

此外，**也推薦在午睡前喝咖啡**。

或許有些人會問：「喝完咖啡，不會睡不著嗎？」但咖啡因的效果並不會那麼快彰顯出來。

差不多在三十分鐘後才能發揮醒腦的效果。

也就是說，**在午睡前先喝一杯咖啡，等三十～四十分鐘後起床，即可藉由咖啡因的效果神清氣爽地睜開眼**。請務必一試。

14 寫下「睡眠日記」

具體實踐方法

寫下用來**記錄睡覺與起床時間**的「睡眠日記」，也是很推薦的一種休息法。可以藉由Excel等程式製作個人專屬的原創紀錄，網路上也能搜尋到一些睡眠日記格式，另外也有一些手機**APP**可以使用。

寫睡眠日記最主要的目的是，**讓「自己的睡眠狀態」可視化**，可以選擇一些輸入簡單、能夠製作成圖表的工具。

掌握自己的睡眠狀態相當重要

比方說，將自己就寢的時間塗黑，昏昏沉沉的時間或是在電車中打瞌睡的時間則畫上斜線標示，即可一眼掌握自己的睡眠狀態。

- 每天的就寢時間、起床時間會有很大的差異嗎？
- 假日的睡眠時間，這樣還可以嗎？
- 「昏昏沉沉的狀況有點多」是因為累積太多「睡眠負債」嗎？

寫下睡眠日記可有效塑造意識，一目了然地檢視自己的睡眠狀況後，即可開始為優質睡眠而努力。

睡眠日記範例

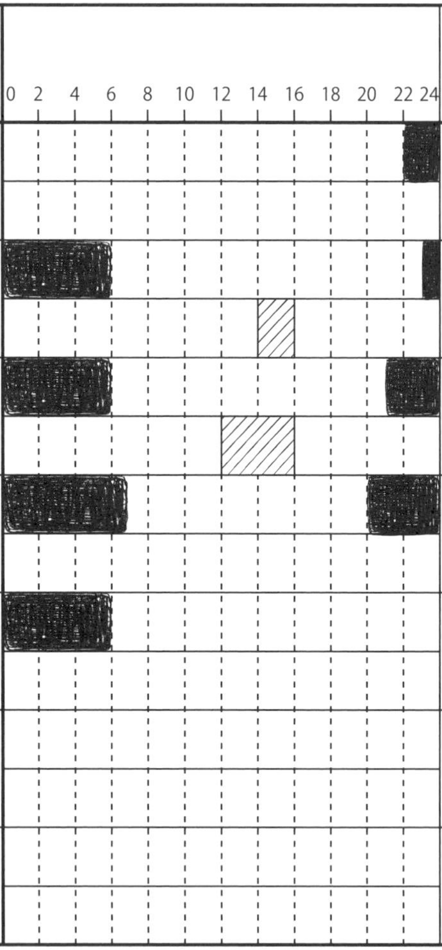

月	日	星期	0 2 4 6 8 10 12 14 16 18 20 22 24	備註
9	3	一		
9	4	二		
9	5	三		午後有強烈的睡意
9	6	四		有點發燒，所以提早就寢
9	7	五		
9	8	六		
9	9	日		

15 溫熱眼周

具體實踐方法

在睡眠方面，溫熱眼周也是相當有效的休息法之一。

晚上休息前，或是白天小憩時，**利用蒸氣眼罩或是熱毛巾等溫熱眼周**，就能夠達到相當的效果。現在蒸氣眼罩的市售價格已經比較親民，可以直接購買市售產品。

在溫熱眼周的同時，**使用眼枕等產品，讓眼睛稍微有點「負重」，也可以幫助消除疲勞。**

在閉著眼睛的狀態下，按壓眼球上方及眼球周圍，應該會覺得非常舒服吧！

醫學上已經證明，按摩眼周可以活躍副交感神經（請見參考文獻）。

自律神經是一種像蹺蹺板的東西。**活躍副交感神經、身心放鬆後，就會換成交感神經活躍，進而讓人產生「好的！好好努力吧！」的情緒**。因此，建議可以在工作中的小憩時間加上這種「溫熱眼周」的休息法。

有鑑於最近用電腦工作的人越來越多，經常有人煩惱於眼睛疲勞的問題，在此特別推薦這種藉由眼罩或是眼枕小工具，聰明讓眼睛獲得休息的方法。

眼周附近匯集有很多「穴道」

實際上，眼部周圍有許多穴道，加熱或揉捏該部位都可以幫助血液循環順暢。

中醫認為，人體是由許多的「經絡」所連接，血液、水分、氣都會通過該經絡，而「氣血匯聚的位置」就是「穴道」。

一旦穴道不「通順」，身體就會覺得不適、僵硬，因此須要在該穴道處加熱、給予刺激，使其「通順」。事實上，針灸施針也是基於這樣的思維邏輯來進行。

有許多「穴道」匯集在眼周，所以只要加熱該處就能讓氣血順暢，藉此讓身體變得舒爽、輕盈。

先拋開那些難懂的理論，請務必親身去感受那種舒適感。

眼周的穴道

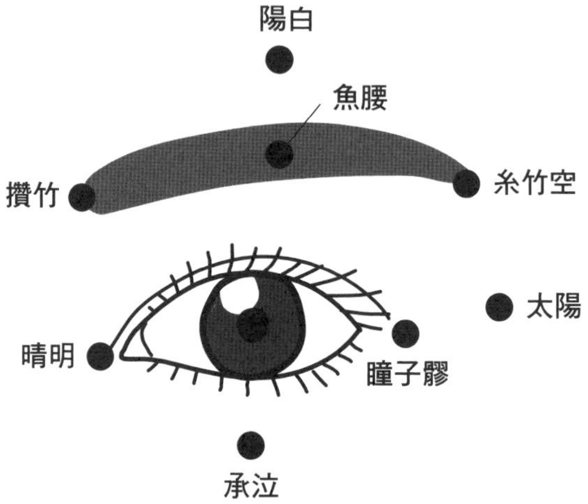

實踐篇

第4章
專注地感受大自然的運作

16 感受「大自然的搖晃」

「感受大自然中的聲音與風」也是相當推薦的一種休息法。

經常聽到有人說：「好想隨時聽到海浪聲」「好想一直看著河川流動」吧！用一些更貼近日常的事物來說，一直聽著打在窗戶上的雨滴聲或是下雨聲，心裡也會覺得很舒服。

這是因為大自然會產生一些不規則的、任意的節奏。這些自然的節奏被稱作「1／f搖晃」，與人工製造出來的、有規則性的東西不同，被視為具有療癒人心的效果。

這個「1／f搖晃」曾經風靡過一段時間，當時甚至出現附有能夠選擇讓風速忽強忽弱的「自然風」模式電風扇機種。話雖如此，畢竟是人工製造的家電產品，還是無法媲美真正的「1／f搖晃」。

唯有真實的大自然，才得以療癒人心。

具體實踐方法

只要去感受大自然帶來的搖晃，像是**聆聽海浪聲或下雨聲、感受風的吹拂**等即可。這裡希望大家重視的部分在於，意識到聲音或是風等「自然的運作」，並專注地感受。

「啊，聽著海浪聲讓人心情真好」「今天的雨稍微有點猛烈」「雨落下，發出滴滴答答的聲音」「風吹在臉頰上，感覺好舒服」「風稍微帶有濕氣呢！」之類的，**去感受「現在，大自然是怎樣在運作著？」「我對那些大自然的運作有怎樣的感覺？」請在心中轉換為文字。**

「良肢位」的姿勢

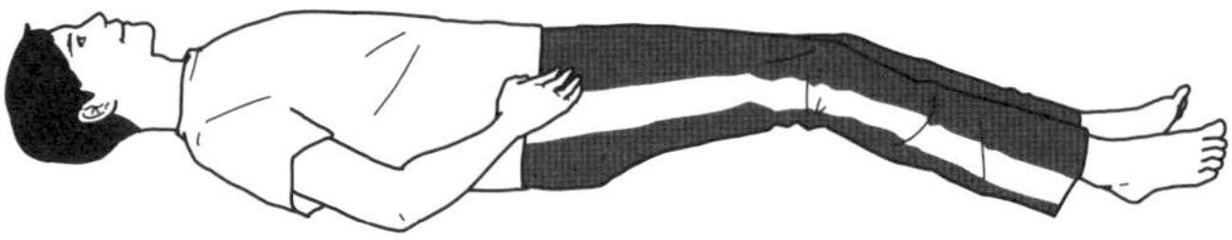

稍微屈曲手與腳的關節，輕鬆躺下
╳身體如果完全伸直，會對關節造成負擔

採取不勉強的姿勢——「良肢位」

進行這種休息法時，**重點**當然是要**採取「不勉強的姿勢」**。

甚至可以隨意地躺在沙灘上。從醫學角度而言，讓身體呈現完全打直伸展的狀態，反而會對關節造成負擔。

因此，想要推薦給各位的，是能夠讓身體關節適度屈曲、放鬆的「良肢位（又稱抗痙攣體位）」姿勢。

前往稍微高級一點的按摩店或是美容沙龍時，通常都會準備能夠讓身體關節在稍微屈曲的狀態下躺著的床墊或是躺椅。這種姿勢就是「良肢位」。

從身體照護的層面來看，這也是一種不會勉強對身體造成負擔的護理姿勢，希望被照護者與照護者都能夠注意到這種「良肢位」。

最接近大自然搖晃的音樂是「爵士樂」

實際前往能夠聽到海浪聲，或感受到河流流動能「直接感受到大自然」的地方當然是比較推薦的休息法，但是應該有很多人很難出門遠遊。

有這類困擾的人，每天最方便的實踐方法就是**聆聽使用大自然聲音製作的療癒音樂，放鬆地進行冥想**。只要這樣做，就能夠充分獲得休息效果。

附帶一提，在音樂領域中，最接近大自然搖晃的音樂被認為是爵士樂。搖滾樂就不用說了，因為必定會有一定的節奏，而古典音樂則會因為類型或是時代、作曲家不同而有較大的「音樂幅度」，曲調的變化也較大，較具有戲劇性。

雖然都可以去享受音樂本身，但是從最接近大自然搖晃、可以放鬆聆聽這方面來看，還是最推薦爵士樂。

原本爵士樂就會在單調的節奏中加入一些即興創作的元素，因此從正面意義來看，可以說是比較容易聆聽的音樂。

推薦各位可以在假日的任何時間點去聆聽一些帶有大自然聲音的音樂或是爵士樂，這是種可以輕鬆度過一段時光的休息法。

17 凝視火苗

在「調節照明亮度」的單元中，我們曾經提到過蠟燭，**「凝視火苗」這個行為本身即具有療癒人心的力量**。燭火搖曳也是一種「1／f搖晃」，可以讓人內心平靜下來。

具體實踐方法

可以在家中點上蠟燭。此外，充分考量過安全性後，**也很推薦**在露營地**升營火**。

只要凝視營火就能夠充分獲得一種療癒感，專注地去感受火苗所傳導出來的熱度及溫暖，即可期待產生正念的效果。

人類只要凝視火苗，就會敞開心胸

各位是否有過這樣的經驗呢？和朋友們一起去露營，到了夜晚大家一起圍繞著營火，每個人都會開始敞開心胸訴說自己的煩惱、講述自己的成長過程。日本有個電視節目叫做《閑走塔摩利（ブラタモリ）》，主持人塔摩利先生也說過，人類只要凝視火苗，就會敞開心胸。

從心理學的觀點來看，**已經有證據顯示，只要「能夠敞開心胸」人類就會感到安**

心，也就能夠提升自我肯定感。

日本南山大學研究團隊曾於二〇〇八年針對愛知縣二百多名大學生進行調查，發現願意對朋友等他人敞開心胸的人，較明顯具有能確實培養自我肯定感的傾向（請見參考文獻）。

在自我肯定感較低的狀態下，通常較不會想講出自己私人的事情。就算說出口，也會漸漸變得有所防備，甚至會躲進自己的殼裡。

不過，人類只要看到火苗，就會提升安心感與自我肯定感，原本什麼都不願意說的人，也有可能突然想要傾吐。

火，就是具有如此不可思議的力量。

事實上，經常有人會舉辦這類圍繞營火促膝長談的活動，也有許多人會參加。前往海外旅遊或是投宿於高級飯店都很好，不過偶爾也可以試著和朋友一起升起營火，不知各位意下如何呢？
想必一定會是一段獨一無二的時光，自己心中也會重新萌生出不同的感覺吧。

18 將周遭顏色轉換為言語

這個方法是利用假日散步，或是在通勤電車上眺望窗戶外景色時，**刻意去「尋找顏色」**。

比方說，在櫻花季，我們會想著「好美的粉紅色」，稍微留心去感受「今天的天空好藍」「叢叢樹木的綠色好深」「河邊的土壤因雨變成了深褐色」等，就可以從身邊找出各種顏色。

將發現的顏色在心中轉換為言語——即為在此想要介紹給各位的休息法。

具體實踐方法

首先，只要先「尋找顏色，然後轉換為言語」即可，等到能夠習慣進行這件事情後，希望各位務必**「注意變化」並「享受變化」**。

例如在經常散步的路上有一顆柿子樹，能夠發現到「啊，結了小小的綠色果實呢！」也很重要，去感受並享受果實「稍微變黃了」「橘色漸漸變深了」等等的變化。

即使是看著天空，每天的濃淡與色彩也都不同。陰天的日子，整片天空布滿白色；快要下雨時，天空又會慢慢變得灰暗。

也可以去觀察夏季與秋季晴天的藍色是否有些微差異。請認真去觀察四周顏色的變化。

可以用自然的形式進行單一作業

有些人或許會很疑惑：「為什麼尋找顏色，再把它們轉換成言語會是一種休息呢？」

只要實際去做「尋找顏色」這個動作就能夠理解，**專注於「顏色」這個條件下，自然會變成一種單一作業**。因為很難一邊思考著各種煩惱或是壓力，一邊進行尋找身邊顏色並轉換為言語這項作業。

為了減輕大腦疲勞，進行單一作業這件事情非常重要，然而往往越是有意識地「想要只進行單一作業！」越是無法辦到。

因此，**刻意集中在一種事物上，從結果來看，反而是得以實現單一作業的方法**。專注於呼吸這件事同樣也是利用「身體掃描」的方法，有意識地注意身體各個部位。

世界上有著各種顏色，所以可以隨時隨地「尋找顏色並轉換為言語」。

如果可以，尋找大自然中的顏色最為理想，但是也可以從其他非自然的事物，像是「這個碗黑得很有韻味，非常美」「這支鋼筆的墨水顏色，藍中又帶點綠，這種調配真美」等人造物品中尋找顏色。

這時最重要的是不須要判別「這是藍色」或「這是紅色」等顏色，**只要將自己判斷出來的「微妙顏色差異」轉換為言語**。這樣一來，就會更加專注地去觀察。越想要仔細觀察，就越能達到單一作業的狀態。

禪學的本質是「活在當下」。用心觀察自己身邊的顏色，並將其轉換為言語，這件事情本身就是一種禪學，同時也是一種正念練習。

19 在散步時「尋找有趣的事物」

散步本身就非常適合用於轉換氣氛或是重新提振精神，因此當然也很推薦作為一種休息法。

這裡請再試著加上「一邊尋找有趣事物」這個條件。

因為如果只是單純地散步，很容易不小心想到工作方面的事情，或是有煩心事湧上心頭，就會又變成多重作業。

從這一點來看，**帶著好奇心、用心走路**，想著：「有沒有什麼有趣的事情呢？」「會不會遇到很棒的人呢？」「有沒有賣好吃的東西呢？」**就能夠專注的散步**。

乍看之下，或許有些人會認為，同時進行「尋找有趣的事物」與「走路」，應該算是多重作業，反而容易疲勞。

此處的重點並不是那種到處尋找的感覺，而是將意識集中在走路這件事情上，一邊散步一邊感受觸目所及對象物的有趣之處，暫時將注意力移轉到那些對象物上，專注地觀察、體驗，進而成為**可以驅使「專注」與「切換」的單一作業**。

具體實踐方法

「專注」這兩個字給人的感覺，或許會覺得好像要非常集中精神，所以會變得很疲勞。

其實並非如此，反而變成會用一種更加輕鬆的情緒，興奮地去猜想：「會有什麼有趣的事情呢……」然後邊找邊走。

比較類似的感覺是像日本電視節目《純散步》（じゅん散步）與《閑走塔摩利》這樣的內容。

不論是高田純次先生，還是塔摩利先生，他們在節目中都不會刻意提高專注力、不會像田徑運動員一樣散步。他們就只是隨意走走，不斷去尋找城鎮中有趣的事物及奇妙的部分，因此他們還會與當地人交流，用心去感受那些「有趣的重點」。

我想那就是一種非常正念式的散步。

像是想著：「這家餐廳看起來非常復古，不知道開了幾年呀……」經過商店街時，邊走邊去感受「可樂餅看起來好美味」「這個五金行看起來什麼都有賣呢！」

請務必試著進行這種形式的散步。

這和那種漫無目的（或是默默地）的走路不同，可以看到不同的世界，自己的心情也會跟著改變。

向《孤獨的美食家》學習「正念飲食法」

稍微打個岔，最近除了這種「散步節目」外，還有像是《孤獨的美食家》《和歌子酒》（ワカコ酒）這種以吃美食、飲美酒當作賣點，描述出那些體驗後心得的電視劇或是電影也相當受到歡迎。

從我的角度來看，這些都是非常正念式的戲劇作品。簡直可以說就是一種**「正念飲食法」**。

《孤獨的美食家》《和歌子酒》等劇中會專注在所推出的料理或是酒類的優點，並且享受「現在、當下」。

「這份麻婆豆腐的麻辣程度十分衝擊舌尖，真讓人受不了！」或是「這串烤雞肉烤得剛剛好，雞腿肉汁又多，真是太美味了！」「非常適合配啤酒！」等，邊吃邊在心中吶喊。

即使沒有戲劇性的感想，**專注在吃東西這件事情上，感受微小的味道變化，用語言表達出心中感受也是一種正念**。

仔細想想，這個部分與本書前面曾介紹過世界頂尖商務人士們「吃飯時就專心享受餐點」這件事有許多共通點。

當然，餐飲本身沒必要多奢華，也不用提出多麼完美的用餐報告。**只要稍微專注在每次的餐點上，並試著用心去感受。然後一邊用餐，一邊將那些感受轉換成言語**，這樣就足夠了。

用餐時間也可以當作一種正念休息方法，巧妙地切換大腦，應該就能減輕大腦的疲勞。

向《孤獨的美食家》學習「正念飲食法」，請各位務必一試。

實踐篇

第5章 呵護自己

20 在浴缸裡用心呵護自己

「呵護自己」這件事，就是把認知資源放在自己內部，**與禪學精神的「活在當下」相關。**

希望各位務必要將「呵護自己」這件事視為一種休息法，留心帶入日常生活中。

具體實踐方法

首先想要推薦給大家的方法是「在浴缸裡用心呵護自己」。

仔細去感受浸泡在浴缸裡，身體表面變得溫熱的感覺。之後，再去感受手腳指尖逐漸溫暖了起來，最後是身體的中心也慢慢變溫暖。

於是，汗水就會開始慢慢滲出、滴落。

……仔細去觀察那個狀態，好好感受，就會成為一種呵護自己的行為。

從浴缸中起身、清洗身體時，**不要隨意沖水了事，要確實讓肥皂起泡、用心搓洗身體、仔細將身體洗淨。**

各位應該都有過為自己珍愛的鞋子或包包用心去除髒汙、仔細擦拭的經驗吧！

希望各位也能夠同樣珍愛自己的身體，用心呵護。這樣一來，**就會更懂得重視自己、「呵護自己」，並提高自我肯定感。**

洗臉也可以進行正念

話說回來，資生堂公司曾經推出一種可以同時療癒肌膚與減緩心理壓力的新護膚提案——**「正念式洗臉法」**。

簡單介紹一下，就是在洗臉時用心專注在打出的綿密泡泡所帶來的觸感上，並且比較和用紋理較粗糙的稠狀泡泡來洗臉，對自律神經會帶來哪些不同的差異。

當時是與在日本正念領域中第一把交椅的早稻田大學教授——熊野宏昭先生共同進行相關研究，之後亦曾在學會中發表研究結果：**「比起使用稠狀泡泡，使用綿密泡泡來洗臉的人，其焦慮不安的情緒較少，比較能夠放鬆。」**

我認為那是一個非常有趣的實驗。

「正念式洗臉法」的效果

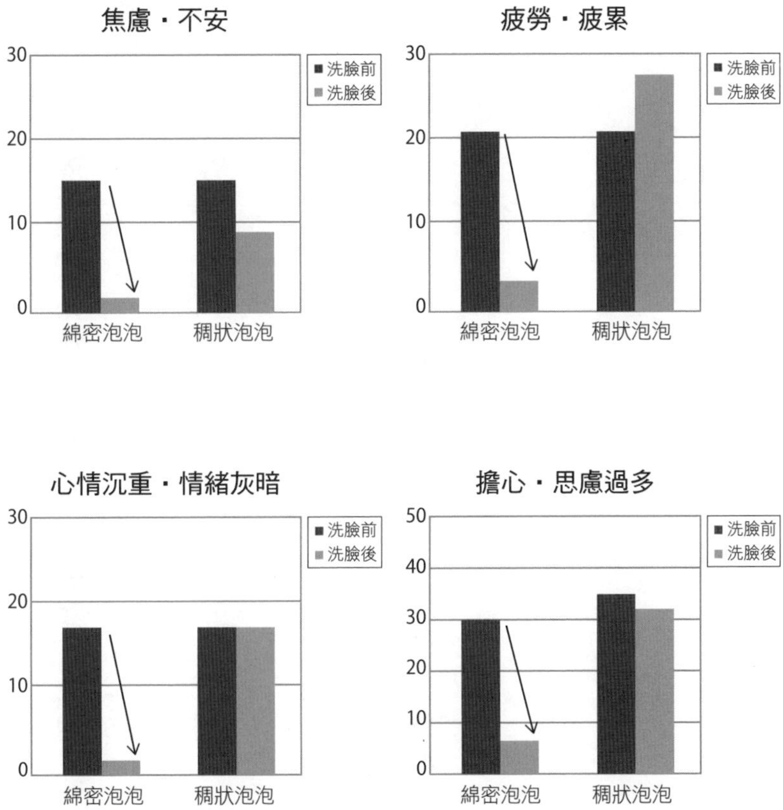

資生堂「專科」〈「勞動女性壓力與美容」相關調查〉，2016年

資生堂是一間化妝品製造商，因此當然會著眼於「哪一種泡泡比較好？」但是從我身為一名禪僧的角度來看，光是**「專心洗臉」這點就會非常有效果**。

「寵愛自己」「用心呵護自己」是一種正念，從結果來看，可以消除、減輕焦慮與不安，並且能達到放鬆的狀態。

日常生活中，能夠「用心呵護自己」的時間點並不多。進入浴缸泡澡時，請務必好好呵護自己。

「花費精力在自己身上」的真實感受正是提高自我肯定感的重大要素。

21 進行「刷牙冥想」

大部分人都是早晚刷牙，也有人中午還會再刷一次。專心進行刷牙這個動作，簡單來說就是「刷牙冥想」。

具體實踐方法

用心感受牙刷刷毛一根一根刷在牙齒與牙齦上的感覺，一邊去感受表面牙齒與齒縫、內側等地方「是否有變乾淨」，一邊進行刷牙的動作。

和在泡澡單元時所提及的內容一樣，花點精力、用心呵護自己這件事相當重要。

當然，也沒必要特別勉強自己去留意「接下來要進行刷牙冥想唷！」比起刻意進行冥想，請更重視「用心刷牙」這件事。

有些醫師會使用計時器，指導病患進行「專心、確實地刷牙三分鐘以上」，但是這裡的使用目的不僅止於「預防蛀牙」。

加上「在規定時間內，確實刷牙」這個條件，**目的是讓人有意識地「專注於刷牙這件事、用心呵護自己」**。

正念與「效率化」是對立的狀態

如同「刷牙冥想」「拉麵冥想」等等的共通點，正念這件事就只是在「迂迴繞道而行」罷了。不是果斷迅速地結束，**而是在進行過程中花一點時間、仔細去感受那些事物**。

這樣看來，正念這件事本身就不是為了追求效率。

「不追求效率」「慢慢地迂迴繞道」我認為是現代人需要追求的目標。

不需要我再次重申，現代社會就是一個追求效率與生產性的社會。

移動至他處時，我們會在移動過程中使用智慧型手機或是筆記型電腦確認電子郵件，前往未知地點時，會搜尋搭車方式等，已經成為理所當然的事情。許多人都會使用手機裡的地圖應用程式，用最短的時間移動到目的地，儼然已成為一種基本常識。

這樣的「效率化」的確會讓你我的生活變得相當便利。

然而另一方面，可別忘了，**過度效率化會造成大腦疲勞，剝奪生活的從容不迫與療癒放鬆的狀態**。

近來正念與禪學受到大家的重視，並且形成一股風潮，或許也是一種「鐘擺效應」的表現。

實際上，有些人會將智慧型手機寄放在活動主辦人那裡，在不帶手機的狀態下，來回走在大街上或是在大自然中，如此進行集章旅行（stamp-rally）的活動相當受到歡迎。很多人會特地放下智慧型手機或是電腦，進行一段長時間的悠閒旅遊，也就是所謂的「數位排毒」，這是一種資訊科技時代下的遊戲法。

像這樣，反過來追求不自由與非效率的人增加了。甚至出現「不自由中才有真自由」的口號，也可以說是想要在其中追求療癒與重生。

追求「便利、效率、迅速」固然重要，不過偶爾刻意地加入「不便、耗時、迂迴」的想法，從容度過一段時間也是很重要的一種休息法。

22 打造自己的專屬時間

具體實踐方法

說是具體實踐方法，其實也沒有甚麼特別的技巧。留心確保自己是一個人，且有一段專屬於自己可以支配的時間——即是此種休息法的概念。

「一個人的時光」「自己專屬的時間」這種**暫時切斷日常連續狀態的方法，在重新啟動情緒與身體，達到切換目的**的意義上也是非常重要的。

如果真的非常忙碌，**一週一次，只花一小時也OK，讓自己一個人前往咖啡廳喝杯咖啡**。

建議各位能夠為自己打造一段這樣的時間。
也可以說是「慰勞自己的時間」。

想要在哪裡、用怎樣的方式度過，都可以自由選擇。可以前往圖書館，讀一本自己喜歡的書，享受獨特的沉靜氣氛、感受室內飄散的書香與印刷墨水味也很棒，或是想要一邊散步一邊感受季節的更迭也很不錯。

如同先前介紹過的，「在浴缸裡用心呵護自己」其實也是一種「一個人的時光」。女性朋友晚上通常會在泡完澡後，或是洗完臉後進行肌膚護理，那也是一種「自己專屬的重要時間」。

只要有留心確保那樣的時間，專心度過，重新啟動的效果就會截然不同。

育兒時期的父母，更須要擁有一段能夠自我呵護的時光

忙碌的商務人士就不用說了，基本上，大多數在育兒時期的父母應該都一直處於「二十四小時全年無休」的狀態，幾乎不太可能擁有「一個人的時光」吧！

事實上，近幾年前來身心內科診所看診的患者當中，多了許多擁有年幼孩子的媽媽們。有相當多的個案是先生忙於工作，媽媽只能夠自己一個人負擔育兒責任，因而無法保有心理健康。

身處核心家庭各自獨立的時代，年輕媽媽們被留在家裡，必須一個人面對育兒工作，很少有可以討論或是依賴的對象，只能獨自每天持續孤軍奮戰。

先生方面也不能說是完全沒有協助，心裡往往很想為太太或是孩子做些什麼，且也有蠻多先生認為應該要積極協助育兒或是家事。

然而，這些工作中的爸爸們體力及精神不支的狀態非常嚴重。

近來，景氣有逐漸恢復的傾向，但是「黑心企業」的問題仍無法根除，改善勞動者工作環境這件事處於一種難以言喻的狀態。爸爸們往往深夜才能回家，再榨乾最後一點剩餘的力氣，幫孩子洗澡、幫忙洗衣服。

在那樣的狀態下，太太一整天的時間幾乎都被家事與育兒占據，累積的壓力也只能宣洩在另一個大人身上。沒錯！就是先生。

身心俱疲的媽媽與同樣身心俱疲的爸爸，不論是爭吵或是互不講話的冷戰氣氛，幼小的孩子們都能夠敏感地察覺到。

父母親的「嘆氣」讓孩子們觀察到「不能夠一直勉強要求媽媽」「在爸爸面前得要當個乖孩子」因而成為不敢任性、無法勇於說不的孩子。

能夠說出「自己想做」某件事情，是孩子健康成長的證據。然而，近來發現有越來越多從小就懂得察言觀色、過於成熟的孩子。

孩提時期如果無法像個孩子般無憂無慮地生活，等到十年、二十年長大成人後，就會產生各種心理問題。本人就有處理許多類似個案的經驗。

我似乎可以聽到父母們在那樣被逼迫的狀況下，面對育兒時內心的吶喊。這些人的「心理休息」可以說是現代社會最重要的課題也不為過，是一種相當緊迫的狀態。

因此我認為，如果可以，**每個月至少一次或是兩次將孩子托付給長輩、能夠信賴的朋友或是保母，擁有一段「屬於自己的時間」或是「只有夫妻倆的時光」**。

先愛自己，再愛家人

例如西方人偶爾會把孩子交給保母，夫妻倆單獨去看一場戲劇，或是去餐廳悠哉地享受一頓晚餐。

當然這是文化或是風俗習慣上的差異，但是這樣做，的確能夠擁有「一段彼此之間的快樂時光」或是「一個重新充電的機會」在實質意義上也是為了能夠好好愛孩子所做的必要行為。

只有先懂得愛自己，才有辦法去愛另一半及孩子，希望各位務必記得這一點。

父母親如果能夠有餘裕地愛孩子，當然就沒有強制自己出遊的必要性，但是只有一下下也好，父母本身擁有「一段自己專屬的時間」是非常重要的事。

如果真的很難出去看一場話劇或是去餐廳吃飯，也可以利用假日做一些規劃，像是設置「獎勵時間」或「自己專屬的時間」等。

例如，**想喝茶時就準備一個自己喜歡的杯子，用心花點時間泡一杯茶，然後稍微調暗光線，點上一個能讓氣氛變得沉靜的香氛蠟燭**。

或是在孩子睡著後，走到陽台上吹吹晚風、深呼吸，悠閒地眺望星空。

這些小事都能幫助自己打造一段「專屬於自己的時光」，也能好好地愛自己。

只要這樣做，就能夠減輕大腦疲勞，讓身心重新啟動，因此請各位務必一試。

實踐篇

第6章

讓身體動一動

23 進行「步行冥想」

接下來，想要介紹一些藉由活動身體而獲得休息的方法。
第一種是「步行冥想」。

具體實踐方法

這是一種專注於「走路」，並進行單一作業的休息法。
讓我們試著拆解「走路」這個動作，其實就是反覆進行以下的行動。

1 後腳腳跟提起
2 後腳腳尖提起
3 該後腳往前移動
4 該腳（這時已變成前腳）落地

確實留心進行這四個動作，用心感受走路這件事情，就是所謂的「步行冥想」。

雙手抱胸或是背在身後，不要刻意揮動手臂，重點是要把意識集中在足部的動作以及腳底的感覺。

然而，雖然有上述這四個動作，但是不要出聲喊「1、2、3、4」，也不要在心中默數。因為這樣會像是在「行軍」，而非冥想。

總之，這是一種把意識放在「步行」這個行為上的正念。

「步行冥想」的實踐方法

1　雙手抱胸，將意識集中在腳底

2　留心進行以下四個動作，慢慢地開始走路

①後腳腳跟提起

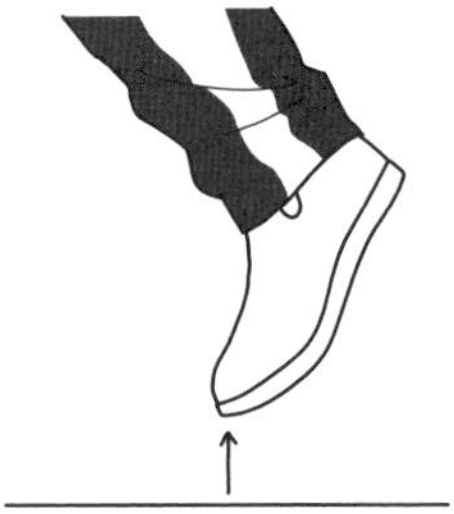

②後腳腳尖提起

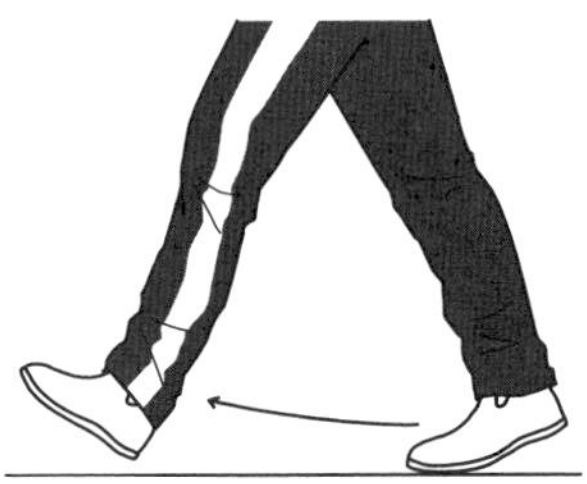

③該後腳往前移動

④該腳（這時已變成前腳）落地

然而，「步行冥想」的重點在於冥想，移動時的走路不應該帶有目的性，所以每天早上在前往車站的路徑上進行「步行冥想」，其實是不理想的。

可以在家裡的走廊或是公園、河濱、沙灘等任何場所步行，比起「移動」，希望各位更專注在「步行」這項行為本身。

講得再極端一點，**就算只走個五步也沒關係**。

不須要規定時間，只要單純把意識集中在足部搬運的狀態，並進行單一作業。只要能夠遵守這個原則，不論是一分鐘還是十分鐘都可以。

特別推薦在這種時候使用

實踐方法和「呼吸冥想」一樣，**在緊張情境下想要穩定情緒時使用「步行冥想」會非常有效**。

比方說，**要在大眾面前說話時，只要先試著慢慢專心走個五步**。擁有一小段單一作業的時間，就能產生一定的效果。

然而，在平時就要進行「步行冥想」練習，因為在尚未熟悉實踐方法之前，如果突然要面對一些緊張的場合，可能會無法好好運用。

因此利用一些平常的零碎時間進行「步行冥想」也很重要。

24 利用零碎時間進行「樓梯冥想」

具體實踐方法

實踐方法與「步行冥想」幾乎相同，只是改為在樓梯上進行。只需要一分鐘或是三分鐘即可，**上下樓梯時，仔細去感受自己的身體如何運動、重心如何改變、有哪些肌肉會負重等**。

和在平地步行時的感覺不同，上樓梯時會對大腿、小腿肚以及臀部周圍的肌肉給予負擔，並且會感受到負重。下樓梯時，則會感受到足部搬運及重心位置的改變。

「樓梯冥想」的實踐方法

1　站在樓梯前方

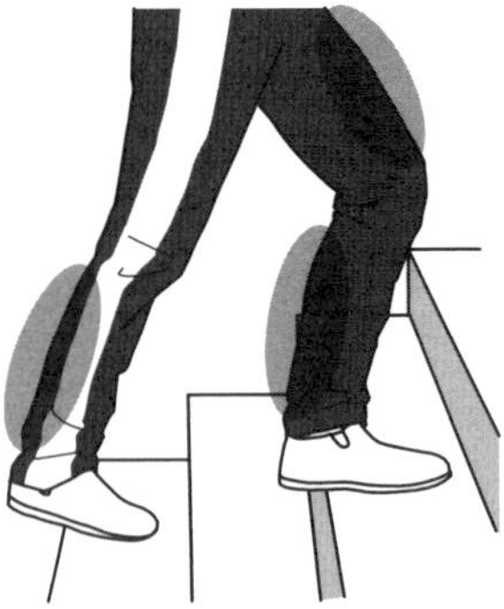

2　將意識放在大腿與小腿肚的肌肉，還有重心移動這件事情上

3　如果會覺得很喘，可能是身體狀況不佳的警訊……

用心去感受上下樓梯時身體的變化，這是進行「樓梯冥想」的重要條件之一。

大樓的樓梯間是意外的絕佳「冥想地點」

辦公大樓的樓梯間其實是一個非常棒的「冥想地點」。

因為大部分人都會搭乘電梯，樓梯間則幾乎沒人，因此很容易專心，且稍微帶有點昏暗、沉靜的氣氛，可以說是最適合用於冥想的環境。

午休時間或是工作之餘——也就是所謂的「零碎時間」——都可以去爬一下樓梯。只要這樣做，就能夠達到非常好的「切換」效果。

如果要外出午餐，就將平常搭電梯回辦公室的習慣改為走樓梯，一邊冥想一邊往上爬的感覺也挺不錯。

由於並不是要做什麼肌肉訓練，所以也沒必要對自己精神喊話：「我一定要爬樓梯爬到六樓辦公室！」之類的。

爬到任何一樓都沒關係，總之就是要全神貫注，將意識集中在體內，慢慢往上爬。就算只爬到二樓也沒關係，爬到四樓也可以。

比起在平地走路，爬樓梯對肉體的負擔更大，因此**優點是，更能夠注意到自己身體的狀態**。

「今天只是稍微爬個樓梯就覺得很喘耶。現在的身體狀況好像不太對……」或是「今天身體狀態很好，不太會感受到肌肉的負擔。」等，每天的感受都會不太一樣。

像這樣仔細去發現自己身體所產生的變化，然後因應當下的狀態調整負荷，就是在呵護自己，這是最為重要的部分。像這樣在日常生活中，將認知資源擺在自己體內也是很有效的一種休息法。

25

「慢跑」時，將意識集中在體內

具體實踐方法

用和走路相同的速度，盡可能慢慢地跑，就是所謂的「慢跑」。

實際在街頭慢跑時，我發現穿著運動服裝的我和那些穿著一般服裝走路的人感覺格格不入，但這也沒什麼大不了的。

學生時期，我是田徑隊（我所屬的高中、大學將田徑隊稱作「競走隊」）的一員，當時的基礎練習之一就是「LSD（Long Slow Distance）」這種「時間長、距離也長的慢跑」。

藉由ＬＳＤ可以提高心肺功能、鍛鍊被稱作耐力持久型的「紅肌」（瞬間爆發力的則是白肌）。比起旁邊那些會一邊發出聲音一邊跑步的棒球隊員，田徑隊選手們跑得更慢，乍看之下是一種很奇妙的狀態，但是這之中可大有學問。

在此想要介紹給各位的，即是應用這種專業訓練作為休息法，可以用於正念的慢跑方式。

重點是要慢慢地跑，將意識放在自己體內的肌肉以及呼吸上，並仔細去觀察腳底傳來的地面堅硬感、柔軟感、凹凸感等感受。

建議除了可以在大馬路上跑，也可以偶爾在泥土上、草地上或是鋪滿落葉的公園步道上等各種地方，邊跑邊去享受腳底的觸感變化。

「步行冥想」與「慢跑」的醫學效果

在腦科學研究中，人類「充滿幹勁」的狀態是指分泌血清素以及腎上腺素等「神經亢奮賀爾蒙」的狀態。

近年來備受矚目的是在腦細胞再生、修復方面扮演重要角色的**「營養因子」**。目前已知大腦內部會分泌「BDNF」（腦源性神經營養因子）這種蛋白質，用於掌管腦神經及中樞神經的再生與成長。

其運作機制是一旦罹患憂鬱症，「BDNF」就會枯竭，進而無法讓人產生幹勁與精神。

事實上，醫學界已經證明，走路或是慢跑能夠促進「BDNF」的分泌（請見參考文獻）。

「正念」——也就是所謂的「進行單一作業」——能夠進一步有效地提高該分泌效果。

不是一邊思考一邊走路或是跑步，而是要將意識專注於該行為並實踐它，效果才會好。

事實上，科學上**已經證明，進行正念式的「步行冥想」「樓梯冥想」「慢跑」都能減輕憂鬱症的症狀，對於代謝症候群等也很有效果**（請見參考文獻）。

從另一個角度來看，**「三心二意做事」的效果應該會下降才對。**

但是，一邊聽音樂，一邊走路或是慢跑卻能夠提振情緒，所以我認為，其實也沒有不恰當的問題。

在此想要建議各位的方法是，先進行二十分鐘「邊聽音樂邊跑步」後，剩下十分鐘或是二十分鐘改用其他正念的方法，稍微做一些改變。

這樣一來，就可以妥善進行搭配，除了能夠重振情緒，也可以期待達到減輕大腦疲勞的效果。

正確理解實踐方法後，就能夠建立自己專屬的完美休息法，這才是我想要藉由本書傳達給各位最重要的部分。

26

在水中體會與平時不同的感覺

具體實踐方法

在水中進行「步行冥想」——只是單純進行這件事，其實不算什麼特殊的方法。水中有浮力，因此最大的優點是膝蓋跟腰部不太好的人，或是年長者等都可以輕鬆做到。

另一方面，在水中，阻力與在地面上的截然不同，即使腳蹬到底部都還是會滑動，因此不太能夠好好地踩踏行走。在這種狀態下，就會用到與地面步行時完全不同的肌肉，是一種非常好的運動。

會去健身房的人、住家附近剛好有游泳池的人，請務必試著在水中步行。

當然，本書的目標是要達到正念的效果，因此**請試著專心地用身體去感受與地面上截然不同的重力、漂浮感、水的冰涼感及阻力等**。

用正念去感受「走繩」

和「在水中走路」的目的一樣，基於能感受到和走在地面截然不同的感覺，也可以好好去感受「走繩」，這也是一種相當推薦的正念實踐法。

這是由一位長久以來在美國曹洞宗國際中心進行坐禪指導的禪僧——藤田一照先生所傳授的方法。

在粗壯的樹木間拉一條粗細約等同封箱膠帶寬度的強韌扁帶，然後在扁帶上方走動。只要在網路上檢索「鋼索」，即可看到各種相關照片或是影片。熟練者可以在扁帶上彈跳，或是如同雜耍表演般轉身，但是普通人只是站在扁帶上面或是走路就會覺得非常辛苦。

剛開始時，我一站到扁帶上，膝蓋就會瞬間抖個不停，然後立刻掉落下來，但是慢慢抓到訣竅、集中精神後，自然而然就可以輕鬆在上方步行了。**放掉雜念、集中精神，身體就會自然而然放鬆，用一種達到整體平衡的狀態走路**，這無疑就是一種正念。一照先生直接了當地告訴我：「一直想著要努力站上去、我要站上去，反而會適得其反。重點只要去感受自然地站在扁帶上的感覺就好。」這番忠告不僅適用於這項活動，也是一種對人生的禪學，本人銘感五內。

突然要求初學者或是高齡者：「試著去走繩吧！」是相當危險且困難的，因此建議可以去買那種運動會拔河專用、一～二公尺的粗繩，直接放在地板上，然後練習**「在粗繩上走路」**。

剛開始時會因為粗繩會轉動而有點執行困難，必須特別小心，集中精神後就會漸漸走得更穩。

將這種與平常走路感覺有些不同的練習當作一種休息法，想必也非常有趣。

27 進行簡單的伸展運動

在此想要介紹幾種在家中或是辦公室都可以輕鬆進行，且具有一定效果的「伸展運動」。

為何伸展運動對身體有益呢？我想先針對這個機制做一個簡單的說明。

將身體伸展開來，也就是進行所謂的伸展運動時，身體該部位的血液流動會暫時增加。

血液流動順暢時，該部位所囤積的乳酸等疲勞物質就會隨著血液而流動。疲勞物質會因為酵素等作用而透過各種路徑代謝，使身體處於無毒的狀態。

與此同時，氧氣或是養分（醣類等）也會隨著血液流動被運送過來，並且活化該部位。這就是伸展運動可以消除疲勞的機制。

話說回來，本書不斷提及可以藉由正念減輕大腦疲勞，**正念原本就被認為能有效調整自律神經系統運作、提高作為「放鬆神經」的副交感神經**。活化副交感神經，使末梢血管擴張，即可使末梢的血液循環變好。血液循環良好即可改善手腳冰冷等症狀，亦可減輕身體僵硬、緊繃等症狀。

也就是說，**正念是一種直接有助於消除身體疲勞的休息法**。

具體實踐方法

那麼，就先來介紹一種簡單的伸展運動。

首先，想要推薦給各位的是**「肩胛骨伸展運動」**。肩胛骨上有很多的肌肉，若能

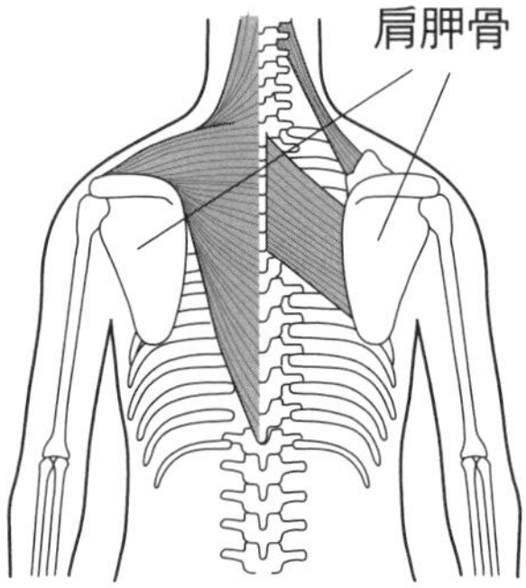

伸展開來，即可產生許多效果。

首先，將雙手手臂張開，手肘向後延伸，讓兩塊肩胛骨彼此靠近。

兩塊肩胛骨盡量靠近後，接著將手臂往前延伸，脖子向下彎，讓兩塊肩胛骨分開。反覆進行幾次，即可幫助肩胛骨放鬆。

想要再稍微進階一點的人，推薦可以採用瑜珈中的**「鷹式」**。

雙手手臂交疊，藉由往上往下移動的動作，可以幫助肩胛骨周圍的肌肉放鬆。

這個姿勢本身稍微有點難度，但是**只要做到該姿勢即可充分獲得伸展**。

「肩胛骨伸展運動」的實踐方法

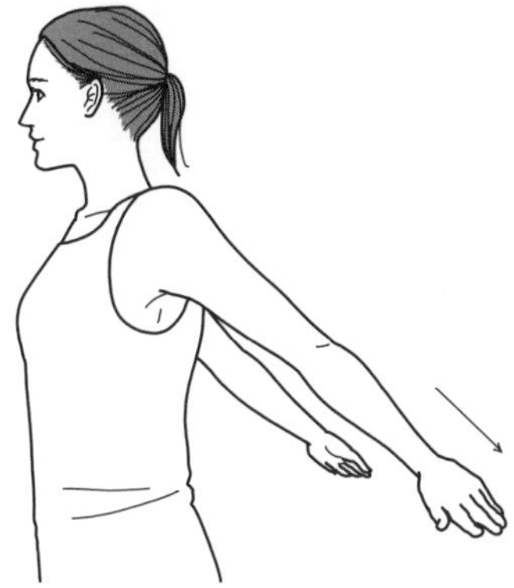

1　雙手手臂張開，手肘向後延伸

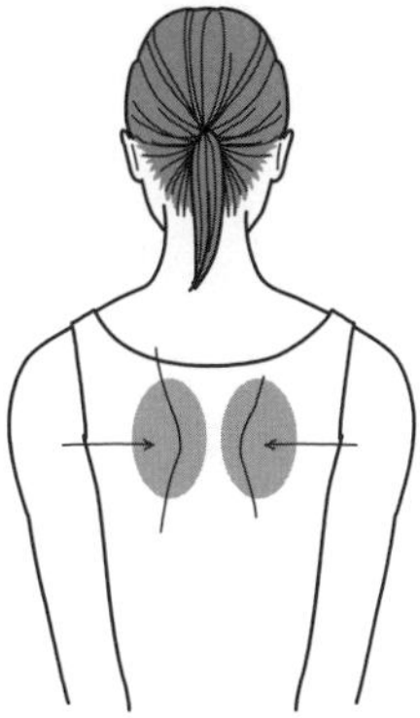

2　把兩塊肩胛骨往內夾，好像要往彼此靠近的感覺

3　接著將手臂往前延伸，脖子向下彎

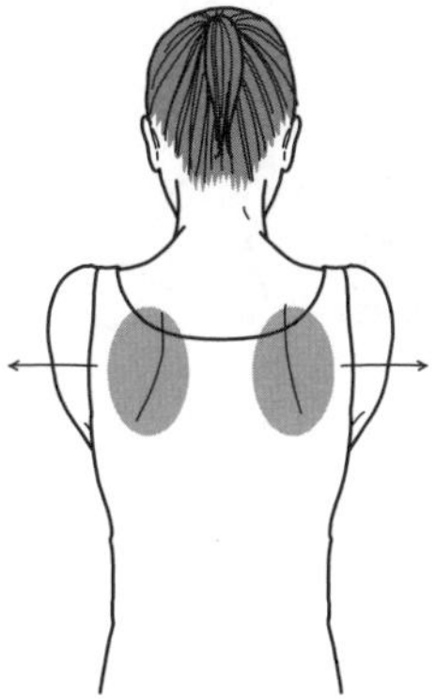

4　把兩塊肩胛骨打開，好像要分開的感覺

「瑜珈鷹式」

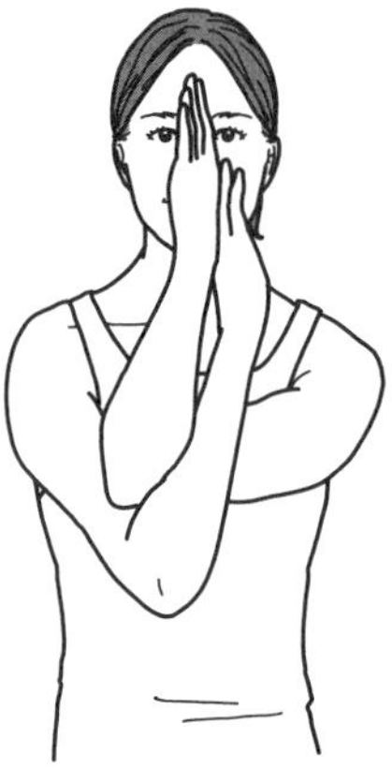

1　雙手手臂交疊

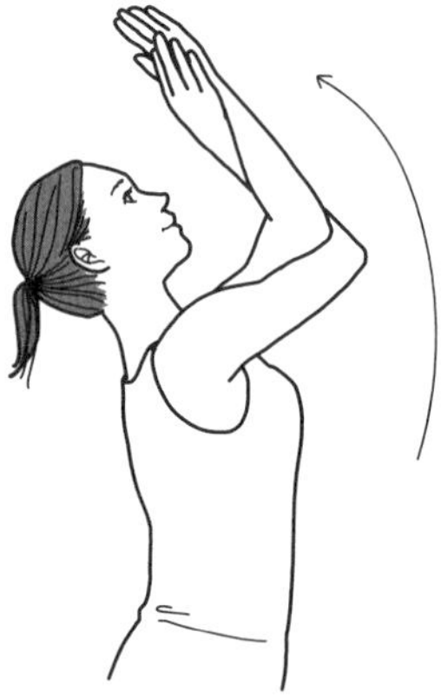

2　讓交疊的手臂往上移動

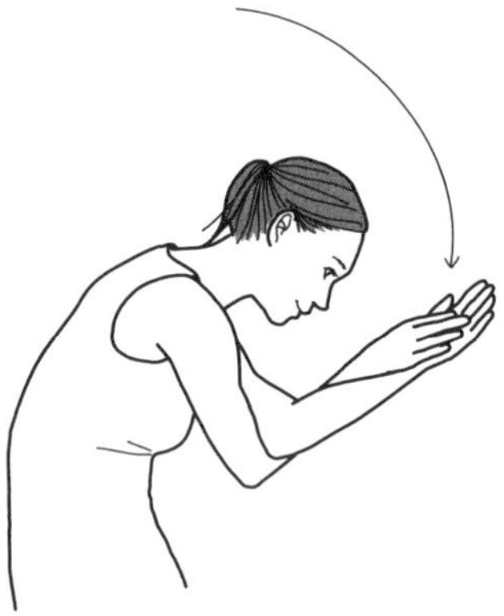

3　再往下移動

緊接著，再來介紹**「下半身伸展運動」**。

坐在地板上，雙腳往前伸直，背部挺直。

接下來，用一種好像要將腳趾甲往前延伸的感覺，同時將腳尖往前推出。

然後，再反過來將腳尖往身體的方向拉回，藉此拉伸腳底內側（小腿以及大腿內側）。

只須要反覆進行數次，腳尖的血液循環就會變好，可以改善足部沉重無力及浮腫等情形。**長時間坐在椅子上工作的人，亦可期待能預防經濟艙症候群（也就是深度靜脈血栓（Deep Venous Thrombosis））的效果。**

實踐這個方法時，**為了避免駝背，確實挺直背部**會更有效果。如果覺得這個姿勢不太舒適，也可以把手放到背後。

覺得不舒服的人也可以直接在椅子上進行，試著抬高足部，往前直線推出，接著同樣反覆將腳背往前延伸拉長，再往後彎曲。

「下半身伸展」的實踐方法

1　坐在地板上，雙腳往前伸直，背部挺直。

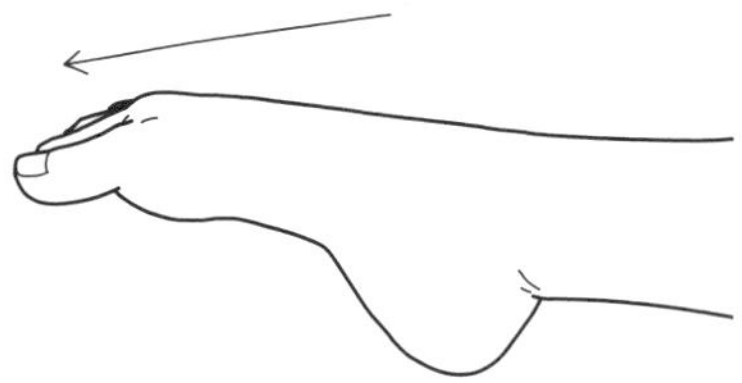

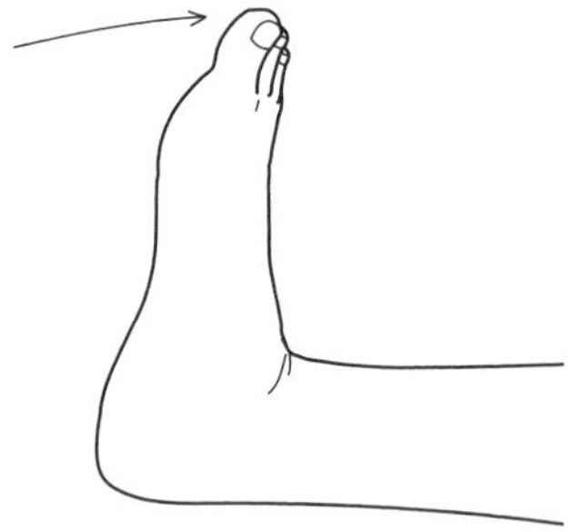

2　從腳趾指甲處往前延伸，同時將腳趾尖往前推出。

3　將腳趾尖拉回身體的方向，藉此拉伸腳底內側

將手指插入腳趾間

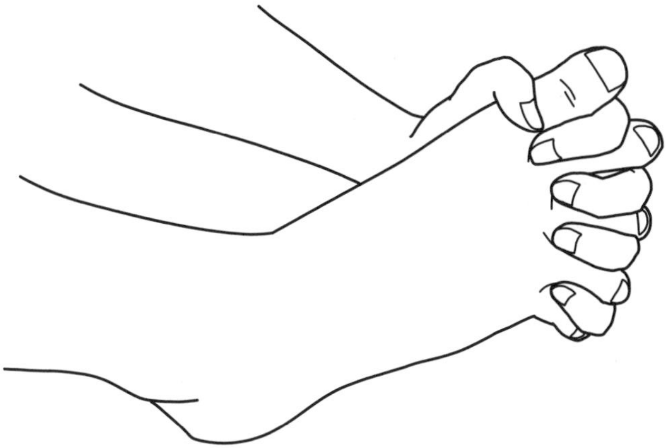

只要進行這個動作，即可充分幫助肌肉舒緩、讓血液流動順暢。

回家後，請在裸足時試著進行**「將手指插入腳趾間的伸展運動」**。

現代人的生活幾乎都穿著鞋子與襪子，張開腳趾的機會大幅減少。這時只要將手指插入腳趾之間，撐開腳趾間的距離，就會讓人覺得很舒服。

然後，在腳趾與手指互扣的狀態下，請輕輕用手抓住腳掌並維持數秒，再鬆開、解放腳趾。即可感受到腳趾尖的血液恢復流動。

有沒有一種腳趾尖慢慢開始暖和起來的感覺呢？在此推薦給大家，這是一種可以體驗到彷彿腳趾尖進入浴缸的放鬆休息法。

每天只需要做二十～三十秒，應該就能感受到足部變得非常輕盈。

28 專注於發出聲音

具體實踐方法

我想大家平常應該不太會特意進行「將意識集中在發出聲音」這個動作。比方說，**試著挑戰發出「啊——」的聲音，並持續數秒**。也是一種方法。接著，再試著用稍微低沉一點的聲音發出「啊——」，並慢慢提高聲調。這樣一來就能發出一些不用勉強自己也能發出的音階或音調。

「聲音與氣息」的關係相當有趣，如果用細小的聲音發聲，就無法持續發出很長的氣息。

當然，如果用盡全力發出很大的聲音，氣息也會立刻中斷。每個人有自己專屬的最長發聲音階與音調，可以試著一邊去探索，一邊持續發出「啊——」的聲音。

同時，藉由自己的耳朵與骨頭去傳導聲音並用心聆聽。這部分也是很重要的意識練習。

這種休息法的重點在於，**專注地將認知資源放在「發出聲音」（聆聽聲音）這件事上，並一次把聲音用盡**。

在辦公室或是身邊有人的狀態下進行恐怕略有困難，所以可以到公園或是河邊等本身就不會太過安靜的地方，或是在自己車上進行也不錯。

日常生活中，須要發出聲音的場合其實意外地相當少，為了能夠享受到那樣的感覺，希望各位能好好實踐這個方法。

事實上，**去看棒球或是足球等運動競賽的醍醐味之一，正是這種可以藉由大聲吶喊，以消除心理疲勞**。

我從很久以前就非常喜歡去橫濱體育館看職棒比賽，如果在那樣的場合下一語不發地專注看棒球，總覺得有點可惜。

用肌膚去感受體育館內吹拂的夜晚海風、擠身成為眾多球迷中的一員，一起大聲吶喊，為球員加油，心中就會充滿了巨大的能量。

發出毫無意義的聲音

有些人覺得，只是單純發「啊——」的聲音很無聊，這時也可以選擇不斷氣地一直讀（唸）歌詞。

我是一名禪僧，平常就會讀經，所以我也會將讀經視為一種休息法，推薦各位可以持續唸誦《般若波羅蜜多心經》。

然而，因為目的是至少要「發出聲音」，所以**完全不需要理解意思，重點只是要「發出聲音、讀出詞彙」**。

藉由一直持續唸誦那些主播或是演員練習時所使用的《外郎売》（一種歌舞伎中練習表達的滑舌教材）或是「壽限無壽限無……」（日本的傳統曲藝，相當於單口相聲）也很不錯。

除此之外，像是《寶可夢點點名》之類的寶可夢數一數歌曲（對於不認識寶可夢的人來說，幾乎就是意義不明的詞彙排列），基於「將意識集中於發出聲音」的意義上，反而相當合適。

不論是《外郎売》還是《寶可夢點點名》，現在只要透過網路檢索就可以立刻找到，有興趣者請務必一試。

經常確實發出聲音，反而意外地有益於幫助大腦重新啟動。

29 從自己開始先微笑

具體實踐方法

美國曾出現過一名偉大的心理學家威廉・詹姆士（William James），他曾說過一句相當知名的話：「不是因為快樂才笑，是因為笑才快樂的。」這是一句要從情緒面去理解的名言，實際上，透過現代研究與實驗後也證明了這句話的真實性（請見參考文獻）。

倫敦大學與薩塞克斯大學的研究團隊近年來分別針對該領域提出了劃時代的研究

結果，在此將兩份報告彙整、摘要如下。

也就是說，**「微笑的時候」與「皺眉不愉快的時候」，會很明顯地改變事物的行進方向**。

假設對方面無表情，我們卻微笑以對。相對於「有些開心的表情」，自己卻擺出一張不愉快的臉，對方應該也會覺得「不太好意思」。

這正是「因為笑，所以快樂」「因為自己笑了，對方也會覺得很快樂」。

因此，試著有意識地微笑吧！這樣一來，也會從你的周邊開始減少壓力來源唷！

這就是本單元想要介紹的休息法。

具體實踐方法

沒有什麼特別的實踐方法。首先，只要**試著在一個人獨處時，在鏡子前練習微笑**。嘴角上揚、讓眼神變得溫柔、微笑點頭。我想這樣就足夠了。

如果可以，希望各位**外出時也要留心「盡量保持笑容」**。

話說回來，在電車中一直保持微笑好像也會覺得哪裡怪怪的，因此可以試著在戴著口罩時，偷偷在口罩內讓嘴角帶著溫柔的微笑。

自己笑了，就會覺得這個世界很美好，非常推薦各位試試看。

除此之外，去便利商店購物，店員找零給你時，稍微對店員「笑一下」；在餐廳用餐結帳時，微笑說聲「謝謝招待」。

只要養成這一點點的習慣，自己的心情就會變好，就能夠抵禦現實生活中出現的負能量，而且只要這樣做就足以減少壓力。

有一點希望各位要特別注意，那就是不能變成所謂的「複製貼上式笑容」或是

「臉看起來有笑，但是眼神沒笑」。

在此最有效的方法是實際發出聲音，不過只在心中默念也可以，建議**有機會可以說出「謝謝」，或是「祝你有個美好的一天」時，就試著將這些溫暖的言語說出口**。

用心對待物品

接下來這一項與「笑容」稍微有點不一樣，但**「用心對待物品」**也是希望各位能夠好好實踐的行動之一。

前面提到過便利商店以及餐廳的應對方式，然而，有些人在結帳時卻會隨意把錢亂扔。這些算是很少數的個案，但是偶爾我還是會看到有人亂扔鈔票或是銅板。

除此之外，各位一定看過那種會把自己包包亂扔在桌上或是椅子上，亂扔書本、雜誌或是資料之類的粗魯人士吧！

這或許只是當事人的習慣，也或許只是一種大剌剌的表現，但是從心理學的角度來看，這樣往往被視為一種內心貧乏、不安、易怒且有壓力的行為模式。

這個部分與「笑容」一樣，**如果能夠用心採取一些行動，情緒就會變得比較穩定**。選擇採取失控的行為，則會讓自己的情緒更不穩定。

因此，平時就要留意「用心對待物品」。

只要有這樣的意識，就能夠調節自律神經、幫助身心沉靜下來。

實踐篇

第7章 溝通無毒化

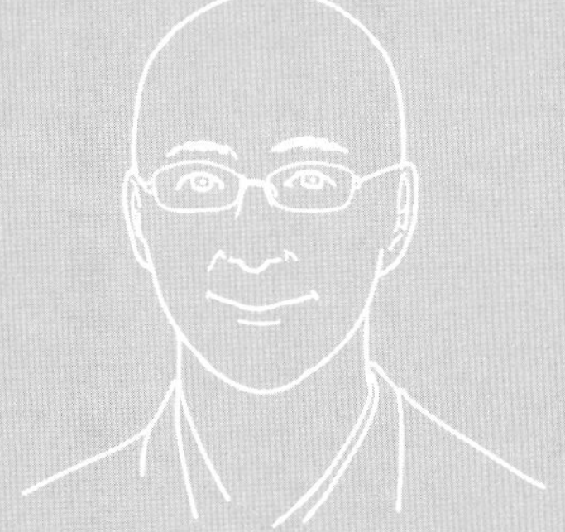

30 藉由「三階段分析法」清除負面情緒

在這個章節中，我想要介紹以「情緒」與「溝通」為主題的休息法。

如同在「理論篇」中所談到的，情緒本身就會讓人感到非常疲勞。光是被憤怒、悲傷等負面情緒所支配，就會感覺很疲憊，**而且會一直令人感到焦慮，這時再做任何事情都會變成是多重作業**。

此外，擁抱負面情緒時，交感神經會變得活躍，容易出現夜不成眠等情形，更難以脫離疲憊狀態。這種情緒的產生通常源自於與他人的人際關係及溝通狀況。

因此，本章節就要來談談如何面對自己的情緒，以及如何溝通才不會陷入負面情緒中。

不帶情緒的溝通——**在這樣的意義下，我認為，「從疲勞中獲得自由」也是很不**

錯的休息法。

具體實踐方法

最初想要介紹的是**「三階段分析法」。產生負面情緒時，試著先將其區分為「思考」「情緒」「身體反應」等三個部分。**

比方說，你被同事說了一些不中聽的話。

這時當然會越想越火大，會想著：「他為什麼要那樣說？」「那傢伙為什麼一定要這樣說話呢？」之類的。

這時我們還處於「思考」的階段。只是針對「被他人說了一些不中聽的事情」這個事實「自己還在思考」的狀態。

然後，就會在自己心中萌生出一些「情緒」，像是：「我好生氣」「真是火大」「我不甘心」「覺得好丟臉」等。

可以先像這樣進行分類、整理：「自己是怎麼想的呢？」「有怎樣的情緒呢？」

接著，**第三階段是要觀察「身體的反應」**。

遇到「被同事說了一些不中聽的話，覺得很生氣」的狀況時，可以觀察一下自己身體上有那些部位會出現反應，像是「我好像覺得頭有點痛」或是「覺得肩膀、背部好沉重」「心裡覺得很火大」等。

仔細觀察那些反應，並試著在心中轉化為言語默念：「我心裡覺得很火大」「我頭好沉重」等，這就是所謂的「三階段分析法」。

若是時間或是狀況允許，可以採用「身體掃描冥想」（第85頁），如果還能夠做到「仔細去觀察身體各部位」，那就幾乎已經達到完美境界。

進入這個階段後，負面情緒應該幾乎都已經解除了才對。也可以在「三階段分析法」中再加入「身體掃描冥想」，變成「四階段解毒法」。

不論如何，不要放任負面情緒在心中漂浮不定，試著切分成「思考」「情緒」「身體反應」三部分去處裡。

不要去評價情緒或是感覺

在此，希望大家注意的部分是，「不要去評價情緒或是感覺」。

比方說，湧現「憤怒的情緒」時，心裡往往會想著「那是不好的東西」「壞東西」，進而想要去消滅那些情緒。對於「心裡覺得很火大」「肩膀、背部好沉重」等身體反應，也容易被視為「壞東西」。

然而，本書想要傳達給各位的休息法都適用以下這項規則：**不要對正在發生的事實給予「好・壞」相關評價，也不要想辦法去消除那些「壞東西」**。

立場往往是一體兩面，**重點是「覺察」與「接受」**。

正念的一個大前提是「awareness（覺察）」與「acceptance（接受）」。**從佛教思想來看則是「覺察」及「放下」**。

對於那些在自己體內產生的變化或是情緒，先去「覺察它」，然後「接受它」。歷經這些階段後，就可以進一步「放下它」，這就是佛教的思維。

如果自己心中有「憤怒」或是「悲傷」的情緒萌芽，那就讓它繼續。發現「自己會覺得憤怒或是悲傷啊！」然後，接受它。沒有必要去評價說「這是壞情緒」，也沒必要想著像是「消滅它」「讓它消失不見」等，想辦法排除它。

將自己體內產生的狀態，區分為「思考」與「情緒」兩者，並進行整理，接著就先試著接受它。只要做到這種程度即可。

再者，可以藉由「身體掃描冥想」仔細觀察身體的反應，在不知不覺間放下那些情緒。

31 善用「『我覺得……』的技巧」

具體實踐方法

一旦出現憤怒、悲傷或是嫉妒等負面情緒，就留心**在話語中加上「我覺得……」**

實踐方法就只有如此。

- **我覺得……被同事說了一些不中聽的話，很生氣。**
- **我覺得……被對方痛罵後，心情低落。**
- **我覺得……工作完全無法收尾，很焦慮。**

・我覺得……我想講的話完全無法傳遞給對方，好難過。

各位是否聽過**「後設認知（Meta-cognition）」**這個詞彙？認知到「自己的感受」，並且也能客觀認知到「自己現在就是這樣的感覺」，這在心理學上就稱作「後設認知」。

如果能夠做到「後設認知」，就可以收斂自己的情緒，至少不會出現情緒反彈。勉強也好，不合理也罷，總之就是加上「我覺得……」這一句。我認為這相當有效果。我將其稱作**「『我覺得……』的技巧」**，請各位務必實踐看看。

用「這是難免的！」來接受負面情緒

前一個單元中談過同樣的內容，這裡也是想要表達「不要去評論那些已經產生的情緒，就去接受它」的態度非常重要。

比方說，「工作完全無法收尾，很焦慮」的狀況下，想要消除「我不想發火」「我不想焦慮」或「我討厭那樣的自己」等評價時，負面情緒反而會變得更大。

在心理學上，這稱作**「思考抑制的矛盾效果」**。

關於這一點，運用**「『我覺得……』的技巧」的優點在於，除了「不評價」，還帶有「總之，給予肯定」的感覺**。

「我覺得……工作完全無法收尾，很焦慮」時，請務必保有「因為工作永遠做不完，所以焦慮是難免的」的心情。

「總之，就是給予肯定」，就是這麼一回事。

蹚上「被朋友痛罵」的情況時，可以想著：「縱使有千萬個後悔、意志消沉也於事無補吧！」

這就是「awareness（覺察）」與「acceptance（接受）」。

像這樣，**能夠接受自己內心的感受時，才能真正放下那些負面情緒。**

話說回來，就算一開始並沒有想要「放下」也沒關係，先試著加上「我覺得……」這一句，接受自己的情緒是「因為〇〇，所以我才會生氣（討厭）。」並給予肯定。

只要這樣做，就能夠大幅減輕壓力。

32 找出對方的「優點」

具體實踐方法

找出一個對方的優點。實踐方式就是如此單純，按下「尋找對方優點」的按鈕非常重要。

對方的「領帶好好看」「帶了一個很漂亮的包包」「講話方式讓人覺得很舒服」「善於說明」「笑容很棒」等，想到什麼都可以。

不論面對任何人，都請試著去找出一個「對方的優點」，並請按下那個開關，然後進行溝通。

接著，再把發現到的這個「優點」告訴對方，就會成為一件非常美好的事情。

比方說，工作完成後，多說一句「經過○○的說明後，我完全了解了。」**只要多講這一句話，對方的心情就會變好。對方心情好了，我們的心情也會變得開朗。**

想要被對方認同，就要先認同對方

就像在社群網站上「按讚」一樣，若是想要「被對方稱讚」「被認同」，最簡單且有效的方法就是**「先認同對方，並去稱讚對方」**。

知名人士或是藝人那種另當別論，一般能夠在社群網站上獲得大量「讚」的人，往往都會先去他人那邊按下更多的「讚」。

過於在意社群網站上的按「讚」數，那就會是另一個問題了。從結果來看，溝通的基本原則是：「先發現對方的優點，並且告訴對方」。

所以，請逐步讓身邊的所有人都擁有「好心情」。

那將會輾轉成為調整你生活環境、減輕壓力，甚至讓心情好轉的最大祕訣。

33

一邊聽著消極的話語，一邊進行「整理」

你是否曾蹚過那種被對方講了一些負面言語，而覺得精神萎靡的情形？最容易想到的是被老闆或是前輩怒罵的場面。那種時候，希望各位務必要去實踐一種**「整理並聆聽」**的方法。

具體實踐方法

如同「三階段分析法」（第228頁），**總之，聆聽對方講話時要分開「事實」與**

「情緒」。

被老闆怒罵時，當然會說出所謂的「事實」，例如：「具體上的確發生了這樣的失誤」「以前發生過同樣的失誤，但是卻沒有立刻報告」等。

另一方面，有些人則會先流露出「情緒」，像是「立刻火大」或是「覺得很丟臉」等。

不論是誰的問題，當直接接收到負能量，聆聽者的情緒往往會受到很大的影響，心理上也會感到很疲憊。

為了避免這樣的狀態，**請試著去聆聽並且整理（彙整）：「他是因為這樣的事實而生氣的吧！」「因為有了這樣的狀況（事實），所以他也相當焦慮吧！」**

這樣一來，就可以幫助自己冷靜下來，不會讓情緒變得不穩定。

最棒的傾聽是將「注意」當作禮物送給對方

不僅是自己被怒火砲轟的場面，有時候也會聽到他人發牢騷、訴說難過或是生氣的話語。

這時的處理方式也一樣，建議聆聽時先整理出事實與情緒，了解「眼前的人是因為這樣的事實而感到非常悲傷（憤怒）」。

更進一步來說，**將整理好的內容傳遞給對方：「你是因為那樣的事實，才會非常悲傷（生氣）呢！」只要這樣做，對方的情緒就會跟著穩定下來。**

這也是一種心理諮詢技巧，不過，據說**最好的傾聽技巧就是，告訴對方「我有在注意你唷！」**

將「注意」當作一種禮物送給對方——這才是真正的傾聽。

「事實＋情緒」這種表達方法的結構會非常有效。

雖然這不是一種經常受到眾人推崇的主流溝通技巧，但是卻能夠整理好事實與情緒，並確實回饋給對方「我都了解唷！」的訊號——請各位務必實際試用看看。

34 不要使用「負面用語」，請使用婉轉否定的「正面用語」

自古以來，日本就流傳著一種傳說——言語中寄宿著「言靈」。

隨著使用的詞彙不同，自己的心情及情緒也會跟著改變，只要情緒有所改變，連帶著身體狀況以及狀態都會跟著改變。

所以遣詞用字非常重要。

負面用語本身帶有一種強大的力量，會讓人深陷其中，無法自拔。

若將「不幸」「痛苦」「討厭」等負面用語當作口頭禪，現實生活也會被帶入那樣的情境。

具體實踐方法

在此想要推薦給各位不要使用「負面用語」，而是將其替換為「婉轉否定的正面用語」的表現方法。

比方說，不要說「我遇到這種狀況真是不幸啊！」而是把這句話改成：「好像不太能說自己是幸福的耶！」不要說「我非常痛苦」，而是替換為「這好像不是太開心的狀況呢！」

除了實際講出口的話，也請試著變更心中的用語。

只要改變用語，就能大幅改變給予他人的印象。只要將形容眼前「痛苦狀況」的用語改為「不太開心的狀況」，即可給人一種比較婉轉的感覺。

看到自己以外的其他人處於痛苦狀況時也一樣，希望各位能夠積極運用**「正面用**

語＋婉轉否定」這樣的表現方法，將用語改為「不能說是太開心呢！」或是「沒有辦法充滿活力呢！」等。

與其說「的確呢！好痛苦呢！」「好鬱悶呢！」這種話，讓狀況緩和一些的表現方法，反而比較能夠救贖對方的心情。

盡可能限定狀況

還有一種比較推薦的用語使用方法，就是讓負面情緒繼續萌芽，但是「表現時要限定狀況」。

陷入某種痛苦的狀況時，**在「現在自己覺得很不開心」的狀態下，加上「現在」這種限定的表現**。即使面對的是很痛苦的場面，也要限定狀況或是場合，「遇到這種狀況時，果然會讓人不開心呢！」

不僅是自己，請試著讓其他人也能夠接收到相同的用語。

當有人對你訴說苦悶的內心話，就和對方說：「在那種狀況下，你一定很難感受到幸福吧！」「在那樣的狀況下，你會覺得不開心很正常吧！」用一種限定狀況且「婉轉否定的正面用語」來表現。

其實只是一個很微小的動作，只要像上述那樣，**在用語用法上下點功夫，就能夠改變自己承受「事態的嚴重程度」**。

35 找不到話可說，就什麼都不要說

比方說，有位朋友的重要親友過世，正在悲傷度日時，你會怎樣安慰他呢？或是，友人罹患重病，因為沒有治癒的可能性而陷入絕望深淵時，你又會說些什麼呢？

這是個非常困難的問題，恐怕無法立刻回答出來。

在告別式等場合，有人過世時，我們通常會說一些「願往生者離苦得樂，前往西方極樂世界」或「向您致哀」等定型化用語，有時也會因為和喪家比較熟悉而安慰對方：「您一定很傷痛吧！」「我感同身受」等。

然而，講出這些後往往又會覺得很後悔，想著：「為什麼我只能講出這些話呢……」「總覺得聽起來不夠慎重……」

具體實踐方法

我是一名禪僧，有許多面對因重要親友往生而悲嘆不已者的相關經驗。面對這些人，真的經常會有找不到適當安慰用語的情形。

我想告訴各位的是，遇到這種情形時，「如果不知道要說些什麼，就什麼都不要說」。

不要勉強找話題聊，只要去感受對方的悲傷與痛苦，接受它並沉默以對。雖然什麼都沒做，但至少貼近了對方的痛苦，並且在現場陪伴對方——我認為這樣就夠了。

告訴對方「無話可說」

如果遇到無論如何「一定要說些什麼」的場合，我認為誠實地回答「我無話可說」就好。

誠實表示「抱歉，我無話可說……」「我找不到可以回應的詞彙……」坦率地表達出來。

身為一名禪僧，前往告別式等場合時，如果往生者是年輕人，有時候會難以找到適當的安慰詞。這時我會直接表示：「不好意思，我找不到什麼適當的詞彙能夠安慰大家，只能努力念經迴向給往生者。」

不論悲傷還是痛苦，人類出現真正重大的情緒波動時，其實是無法用言語表現出來的。

游泳選手北島康介在奧運獲得第二面金牌時，曾說了一句「我沒什麼好說的」而蔚為話題，我想那的確是他的肺腑之言。

無法訴諸言語時，「什麼都不說」也是一個選擇。我認為，最重要的是要了解那其實沒有什麼大不了的。

36 用「自己的步調」與智慧型手機相處

在溝通上，我認為最容易造成現代人壓力的就是「網際網路的使用」。具體來說，指的是智慧型手機與社群網站。

隨著智慧型手機與社群網站的普及，人們的生活形態與溝通模式產生了戲劇性地轉變，事實上，有相當多人都在這股浪潮裡浮沉，並且感到疲累。

在此我認為，每個人都必須重新評估自己與智慧型手機或是社群網站「最適當的相處之道」。

智慧型手機及社群網站會產生壓力（引起大腦疲勞）的重點理由之一，是「可以隨時瀏覽他人的動態」。

人類本來就會因為受到自己無力控制的事情所支配、逼迫，而感受到巨大的壓力。每天都被要求做一些自己根本辦不到的事情、被老闆命令、強塞工作，都會讓人在精神面感到相當痛苦。

智慧型手機和社群網站的狀況也一樣，通知及訊息功能的確相當方便，但另一方面也因為可以隨時瀏覽他人動態而「無法自我控制」，導致產生極大的壓力。

具體因應方法

因應方法其實很簡單。首先，關閉通知功能，建立「個人的規則」，以及設定可檢索時間點。

比方說，一小時瀏覽一次社群網站或是收發一次郵件等這類規則。

或是，在工作或用餐時關閉聲音或是震動功能，並把手機收到包包裡。

這也是一種規則。

這樣一來，**當習慣於「在固定的時間點瀏覽」及「可以自我控制」後，壓力就會減輕。**

我想，對於高度依賴智慧型手機或是社群網站者來說，一開始可能無法妥善處理，但是當慢慢建立起規則，就可以一點一點掌握自己專屬的步調。

不是一直被社群網站招回，而是實際感受到「自己能夠控制」，就能夠提高自我肯定感。

實踐篇

第8章 發現「微小的變化」

37 採取與平常「略有不同的行動」

終於進入本書的最終章節。本章節的主題是「微小的變化」。

前面已經提及過好多次，為了減輕大腦的疲勞，進行「切換」相當重要。**在日常生活中，能夠確實「切換」的人，不僅不會有大腦疲勞的問題，還能隨時維持神清氣爽的狀態。**

「工作結束後去吃點東西」時，能夠放下工作、享受美食的人，通常比較不容易有大腦疲勞問題。善於「切換」的人，也可以說是「容易進行單一作業的人」。

希望各位讀者能夠透過實踐練習，成為「切換達人」，也就是「能夠隨時保持神清氣爽，享受當下事物的人」。**實踐方法是在日常生活中掌握一些「微小的變化」。**

在此介紹另一種休息法。如果無法在日常生活中持續進行單一作業，可以藉由加入聲調的方式，轉換新鮮的氣氛。

人類有一種特質，只要每天、每次、進行相同反覆行動，就可使心情平靜。前日本橄欖球代表五郎丸步選手所採取的方法，稱作「例行公事法」，是進行一連串重複行為的方法，備受眾人矚目。

然而，採取這種方法必須要在專注於某種情境下，以及在「當下」發揮力量，如果生活中所有事情都採用相同的行為，也就是說，全部都以例行公事方式來處理，狀況又會完全不同。

如果整天的行為都是例行公事，那就不只是例行公事，而是「墨守成規」了。

在「墨守成規」的狀態下，自律神經不會變動，而是接近零動作的狀態，會難以產生出好奇心、興奮及有活力的情緒。

長期持續下去，會變成在某些情況下，看到什麼都顯得沒興趣，甚至出現憂鬱的狀態。

如果每天都感受到「墨守成規」，請將其視為一個契機，從現在開始，立刻選擇一些「與平常略有不同的行動」。

具體實踐方法

比方說，選擇穿著與平常不同的衣服。

實踐方法相當簡單，**只要試著選擇與平常稍微有點不同的搭配**即可。可以略微改變一下領帶或是領巾的顏色，或是試著搭配上半身與下半身的顏色也OK。

或是，如果平常都搭快速電車或是急行列車，偶爾試著改搭每站都會停的普通電車，悠閒地眺望車窗外的風景吧！

提前一站下車，從該處多走一站的距離。

試著去平常沒去過的餐廳或是咖啡廳。

聽一些平常不會聽的音樂。

類似的方法不勝枚舉。像這樣採取一些「與平時不同的行動」時，會自然而然地刺激你的好奇心，進而產生「這次想要試著這樣做」的心情。

在該時點下，大腦的疲勞會消失，並且能夠感受到「做了很多事情的自己」以及「享受小小變化的自己」，同時提升自我肯定感。

讓我們背著AI做事！

最近，不論是用網路搜尋，還是網路購物，都會看到優異的高科技侵門踏戶地向我們展示「我們會想要知道的資訊」及「我們好像會有興趣的商品」。ＡＩ簡直比你自己還知道你的興趣與關心的事物。

當然，那的確是相當方便的功能，但是**有時候想要搜尋「非自己的興趣」或是「新領域」時，就會變得比較困難。**

雖然我們的確是透過網際網路與全世界連結，但實質上與個人有所連結的卻只是「有興趣的狹窄範圍」——我們現在就是生存在這樣的社會裡。

因此，偶爾要背著這些ＡＩ做事，網路購物時可以特意逛逛過去從未買過的商品類型，在現實世界中，去逛書店時，也可能會去看看過去未曾購買過書類。

只要稍微一下下就好，留心去檢索「非自己的興趣」，這麼做，除了在「喚醒好奇心」的意義上具有一定的效果，在「拓展逐漸變窄的個人世界」意義上，也是非常推薦使用的一種方法。

38 試著在公園裡坐坐不同的長椅

前往公園、故意坐在不同的長椅上，從該處用心觀察不同的風景、陽光照射的角度、風吹拂的方式等，並試著在心中轉換成詞彙，這也是一種休息法。

具體實踐方法

去找一座稍微寬廣一點的公園，公園內往往會有各式各樣的長椅。像是面向步道的長椅、面向廣場的長椅、在小丘上設置的長椅、可以看到海的長椅等。

平常前往公園時，通常不太會特意想要坐在不同的長椅上。

試著勇於嘗試一下，然後用心去感受不同的風景與感覺。即使是同一座公園，也會有各種不同的風情面貌，如果有一張能夠享受自然景色的長椅，一定也會有一張長椅能夠仔細觀察在公園內休閒遊憩的人們。

人類的思想會立刻僵化

大腦疲勞，特別是心理疲憊時，表現出的態度往往會特別僵化、不知變通。

比方說發生「被他人盯上」這件事時，如果心態很健康，就會覺得「被人注意也很好啊！」「這也是一種成長」。但是如果內心很疲憊，則會覺得「對方為什麼要那樣說……」「反正我就是不行嘛……」「他一定是討厭我……」之類的，較容易陷入負面思考，並且會堅持著那樣的想法。

然而，那絕對不是真實的狀態，只不過是個人的「感受」。如果能夠採用不同的方式，心態上或許會變得比較輕鬆。

這時，希望各位能夠採用「試著在公園裡坐坐不同的長椅」這種休息法。**即使是在同一座公園裡（眼前是相同的現實狀態），希望各位都能夠藉由坐在不同長椅上，真實去感受「各種不同的視角」**。

只要感受到自己「想法執著僵化、變得沒有彈性……」就試著前往公園。然後，坐在各個長椅上時就不用說了，偶爾也可以坐在草地上或是躺在草地上，盡情享受使用不同視角，以及各式各樣的觀察方法。

只要改變視角，整個世界都會看起來不一樣。

39

藉由「拉環冥想」感受內心的自由

具體實踐方法

在此要介紹的是可以在搭乘公車或捷運時進行的「拉環瞑想」。

在公車或捷運車廂內抓著拉環時，可以觀察車廂內的各種情形。像是車廂內許多的廣告、海報、天花板的形狀與顏色、照明的情形、座位等各種元素，**確實觀察並記在心裡。**

之後，**閉上眼睛，在腦中盡可能忠實呈現剛剛觀察到的情形。**

然後，在腦海中重現「自己在車廂內的樣子」。

如果能夠做到，**接下來，就讓腦中的想法自由奔放吧！**

比方說，請想像自己能夠穿越車廂的天花板飛向天空、突然前往南方小島、躺在海邊滾來滾去。或是登上高山、感受到舒適的微風，看到廣闊美景等都可以，總之就是自由、任意擴大自己的想像。

讓想像自由自在地放大後，接著再把思緒拉回到車廂內的情形。**請將先前看到的「車廂內風景」，重新顯像在自己的腦海裡。**

完成這個階段後，再慢慢張開眼睛，並重新觀察車廂內部的實際情形。

整個時間約需三～四分鐘左右。差不多只是過去一站的時間。

這就是我所謂的「拉環冥想」。

「拉環冥想」的實踐方法

1　抓著拉環，觀察車廂內的情形

2　閉上眼睛，在腦中重現剛剛看到的情形

3　接下來，讓腦中的想法自由奔放

4　再次在腦海中重現車廂內的情形

5　慢慢張開眼睛，重新觀察車廂內部情形

心是自由自在、不受拘束的

完成「拉環冥想」、張開眼睛後，實際觀察車廂內部的情形，應該會發現與腦袋中所想像的情形有一些差異。

有些部分或許能夠忠實重現，另一方面，應該也會覺得：「咦？天花板是這種形狀的嗎？」「原本的廣告內容是這樣的嗎？」

也就是說，**即使真的有仔細觀察實際狀況，其實在心中卻已經擅自將其打造成不同的形象、建構出與實際不同的世界**。

心，就是如此自由奔放又不受拘束。

希望各位讀者能藉由本單元的冥想感知到這點。

大家平時必須面對各種不同現實情境，其中或許有不少會令人感到痛苦、難過。

然而，那些或許只是你的心任意打造出來的情境而已。

反過來說，**你的心具有能夠更自由奔放、更隨心所欲改變現實情境的能力。**

推薦各位可以藉由這種「拉環冥想」，作為感受「內心自由奔放程度」的契機。

許多人每天都要搭乘公車或捷運，這種休息法僅需要一站的距離即可完成，請各位務必一試。

40 前往美術館，感受心靈的渴望

具體實踐方法

「前往美術館欣賞藝術品」這種休息法的重點是，希望各位只將意識聚焦在一件事情上，也就是**「不要去閱讀那些展品的說明」**。

欣賞藝術時，了解畫家資訊、藝術品的創作背景雖然很重要，但是在此**希望各位注意的重點是「去感受心靈的渴望」**。

在沒有任何背景知識或是先入為主觀點的狀態下，可以有任何感受，像是「這個顏色太棒了」「真是不可思議的表現」「真是個能夠讓心情變好的場所」「穿的衣服好奇怪」等，請用自己的感覺，好好欣賞那些藝術品。

練習「和語言分離」

這個休息法中包含「專注於欣賞眼前的作品」這個單一作業，這當然也包含正念的要件。希望各位能夠放空腦袋，只是純粹地沉浸在作品的世界裡。

這時，希望大家要注意的是**「和語言分離」的感覺**。

日常生活裡，到處都充斥著語言資訊，大腦經常被迫要準備處理「文字資訊」及「語言資訊」等。

不知道各位讀者是否聽過以下這種遊戲？

「用紅色筆寫『黑』這個字」「用黃色筆寫『紅』這個字」「用藍色筆寫『綠』這個字」等，然後將「文字資訊」與「使用的顏色」進行不同搭配後製作成幾張字卡，遊戲進行方式就是不斷讓遊戲者看抽出來的字卡，然後請遊戲者回答「顏色」（不是文字本身表達的顏色，而是筆的顏色）。

比方說，看到「用紅色筆寫『黑』這個字」的字卡，就要回答「紅色」；看到「用黃色筆寫『紅』這個字」的字卡，就要回答「黃色」。

只要實際試玩玩看就知道，要能夠單純回答字卡上「所使用的顏色」其實相當困難。因為看到「用紅色寫『黑』這個字」的字卡時，人類的大腦會優先處理「語言資訊」，因此不小心就會想要回答「黑色！」

大腦就像這樣習慣於「處理語言資訊」。

因此，**「和語言分離」能夠非常有效地幫助大腦休息**。

既然難得去一趟美術館，就不要去看那些展品說明板（也不要用耳機聽語音解說），只要純粹沉浸在作品世界裡就好。

不僅限於美術方面，古典音樂也不須要去探究其背景知識，就閉上眼睛，單純享受那些「音色」就好。

十分鐘、十五分鐘也可以，體驗「和語言分離的時間」後，即可實際感受到大腦被重新啟動的感覺。

41 尋找自己專屬的「避靜充電站」

具體實踐方法

前往一個能夠讓自己心情平靜下來、能夠感受到神祕力量的地方，亦即一種被稱作所謂「充電站」的地方，在那裡進行一些冥想或瑜珈等有助於內心修養的事情。那樣的體驗稱作**「避靜（Retreat）」**。

假日時前往南方小島，在海邊喝一杯帶有熱帶風情的飲料，做這件事的目的與形象都會與平時截然不同。

話說回來，這樣做並不會太困難，最後想要介紹給大家的這個休息法，**只要將目前為止介紹的各種休息法，帶到一個與日常生活不同的地點進行，借助該地點的力量，試著創造新鮮的心情即可。**

試著前往眾人會去祈福的地點

關於「避靜充電站」其實並沒有特定「非要某個地點不可」。

只要是自己能夠在該處感受到能量、感覺到內心被淨化，或能夠有一種被重新啟動的感覺，那裡就是「你專屬的避靜充電站」。

找到個人專屬的避靜充電站後，如果能夠一年造訪一次或是兩次，就會形成一個非常棒的、可以重新啟動身心的習慣。

附帶一提，我個人在**日本香川縣的小豆島以及長野縣的飯綱高原**等處也有幾個避

在小豆島上進行避靜的模樣

◎小豆島Health land股份有限公司

靜充電站。

比方說像是小豆島這個地方，我一年會前往兩次進行避靜。

日本四國的遍路（八十八箇所巡拜，參拜八十八處與弘法大師有淵源的靈場）非常知名，但其實小豆島上也有八十八個可巡拜之處。自古就有傳聞，日本高僧「弘法大師空海」曾表示，小豆島上「擁有絕佳氣場」，因而在當地修行並興建許多寺院。

我個人也特別推薦將小豆島作為「避靜充電站」。

選擇避靜充電站時，有幾個建議的重點，像是**「自然環繞」**以及**「眾人會去祈福的地點」**。

自古以來，人們前往祈福的地點，往往都是氣場絕佳、具有神祕力量的地方。

在日本，像是佛寺、神社或是已成為山岳信仰對象的群山等都很適合作為「避靜充電站」。此外，像是古老的教堂我覺得也很不錯。

身為一名禪僧，由我來說這件事或許會覺得有點怪怪的，但是我個人其實也非常喜歡教堂的環境，光是欣賞美麗的玻璃花窗，就會油然而生一種莊嚴肅穆的心情。

神社、佛寺、教會等都是自古以來人們會選擇用來祈福的地點，「該地點所擁有的力量」往往讓人有一種歸宿感。

日本的伊勢神宮、熊野神社、出雲大社等當然也都是相當推薦的「避靜充電站」，也可以試著從鄰近的各個地點尋找，一定可以找出非常多適合避靜的地方。

在尋找自己專屬的避靜充電站時，如果「真的不知道該去哪裡比較好」，也可以試著用網路搜尋佛寺或是自然風景美麗的地點，順著自己內心的感應去造訪也很好。

該行為本身就是一種非常棒的休息，隨著時間的推移，總有一天你一定會找到一個對自己而言無可取代的地方。

Forster . 2015. When you smile, the world smiles at you: ERP evidence for self-expression effects on face processing. Social Cognitive and Affective Neuroscience 10(10): 1316-1322.
https://academic.oup.com/scan/article/10/10/1316/1646200
Hugo D. Critchley; Yoko Nagai. 2012. How Emotions Are Shaped by Bodily States.
Emotion Review 4：163
https://www.sussex.ac.uk/webteam/gateway/file.php?name=how-emotions-are-shaped-by-bodily-states.pdf&site=42

https://www.ncbi.nlm.nih.gov/pubmed/23983786
M. Teut；E. J. Roesner et al. 2013. Mindful Walking in Psychologically Distressed
Individuals:A Randomized Controlled Trial. Evidence-Based Complementary and
Alternative Medicine 2013, Article ID 489856：7.
研究顯示，與一般走路比較起來，「步行冥想」更能減輕壓力。

https://www.ncbi.nlm.nih.gov/pubmed/27261988
Gainey. A; Himathongkam. T et al. 2016. Effects of Buddhist walking meditation on glycemic control and vascular function in patients with type 2 diabetes. Complement
Ther Med 2016 Jun (26): 92-7.
研究顯示，與一般走路比較起來，「步行冥想」更能降低糖尿病患者的血糖值、血壓、血中皮質醇（cortisol）等。
https://www.ncbi.nlm.nih.gov/pubmed/24372522

Prakhinkit. S; Suppapitiporn. S et al. 2014. Effects of Buddhism walking meditation on depression, functional fitness, and endothelium-dependent vasodilation in depression elderly. J Altern Complement Med 20 (5): 411-6.
研究顯示，與一般走路比較起來，「步行冥想」更能降低LDL膽固醇（壞膽固醇）、白血球介素-6（造成風濕性疾病惡化的因子）。

❖第226頁「論文出處」
Alejandra Sel; Beatriz Calvo-Merino; Simone Tuettenberg; Bet-tina

・Cui R, Tanigawa T,Sakurai S, Yamagishi K, lmano H,Ohira T, Kitamura A, Sato S,
Shimamoto T, lso H. Associations of sleep-disordered breathing with excessiveDaytime sleepiness and blood pressure in Japanese women. Hypertens Res2008;31:501-503

❖第153頁「參考文獻」

醫學上已知，當眼球壓迫造成三叉神經第一分支刺激到延髓的副交感神經，會導致迷走神經（Vagus nerve）影響心臟反應，稱之為「眼球心臟反射（Oculocardiac Reflex；OCR）」，或稱之為Aschner reflex現象。

❖第165頁「出處」

石田裕久：渡邊由季子.2010，『自己開示における直接的・間接的溝通のあり方と友人関係』9：67-84.
https://ci.nii.ac.jp/els/contents110008721664.pdf?id=ART0009796431

❖第206頁「參考文獻」A

約翰・瑞提（John Joseph Ratey）；艾瑞克・海格曼（MD, Eric Hagerman）共著之《運動改造大腦：活化憂鬱腦、預防失智腦，IQ和EQ大進步的關鍵》，台灣為野人出版。

整本書針對BDNF有非常詳盡的解說，敬請參考。

❖第206頁「參考文獻」B

眾多研究皆證明「步行冥想」是有效果的。

參考資料・文獻一覽表

❖第123頁「參考文獻」

京都工藝纖維大學論文〈光環境と睡眠（暫譯：光環境與睡眠）〉非常淺顯易懂，值得一看。該篇論文將光的色調、波長、照明度與睡眠的關係，詳細區分為活動時與睡眠時，是少見的優質資料。

http://www.kinki-shasej.org/upload/pdf/hikari.pdf

❖第126頁「參考文獻」

請參照日本厚生勞動省於平成27（2015）年「國民健康，營養調查」結果概要，第28頁中刊載成年男女各年齡之睡眠時間。根據總成人人口數，睡眠時間未達6小時者，男性占37.4%，女性占42.2%。該調查最新版本雖為平成28（2016）年度，但是其中並未包含此睡眠時間統計，因此，目前最新睡眠時間相關數據仍以平成27（2015）年度為主。

https://www.mhlw.go.jp/file/04-Houdouhappyou-10904750-Kenkoukyoku-Gantaisakukenkouzoushinka/kekkagaiyou.pdf

❖第128頁「出處」

・治療學30（2）179 – 182, 1996，閉塞性睡眠時無呼吸症候群の有病率と性差. 年齡差

・Tanigawa T, Tachibana N, Yamagishi K, Muraki l, Kudo M, Ohira T, Kitamura A,Sato

S, Shimamoto T, lso H. Relationship between sleep-disordered breathing and blood pressure levels in community-based samples of Japanese men. Hypertens Res2004;27:479-484

國家圖書館出版品預行編目(CIP)資料

3分鐘身心靈最高休息法：透過呼吸、冥想進入心流，找回放鬆、平靜的自我 / 川野泰周作；張萍譯. -- 初版. -- 新北市：世茂出版有限公司, 2022.04
面；　公分. --（心靈叢書；3）

ISBN 978-986-5408-84-8（平裝）

1.CST：靈修　2.CST：健康法

192.1　　111001430

心靈叢書 3

3分鐘身心靈最高休息法：透過呼吸、冥想進入心流，找回放鬆、平靜的自我

作　　者 / 川野泰周
譯　　者 / 張萍
主　　編 / 楊鈺儀
責任編輯 / 陳美靜
封面設計 / 林芷伊
出 版 者 / 世茂出版有限公司
地　　址 / (231)新北市新店區民生路19號5樓
電　　話 / (02)2218-3277
傳　　真 / (02)2218-3239（訂書專線）
單次郵購總金額未滿500元（含），請加80元掛號費
劃撥帳號 / 19911841
戶　　名 / 世茂出版有限公司
世茂網站 / www.coolbooks.com.tw
排版製版 / 辰皓國際出版製作有限公司
印　　刷 / 世和彩色印刷有限公司
初版一刷 / 2022年4月

ＩＳＢＮ / 978-986-5408-84-8
定　　價 / 360元